复旦卓越·育兴系列教材

财务管理

综合练习与实训

张小红 主编

复旦大学出版社

内 容 提 要

　　本书是教材《财务管理——基于工作任务与 Excel 工具》的配套练习和实训，每个任务后均有综合练习，题型有单项选择题、多项选择题、判断题、计算分析题和综合题等。除此以外，还在大部分任务中安排有实训操作。实训操作均要求学生用 Excel 完成相关表格的计算和相关数据的分析，以提高学生操作能力和分析能力。

目 录

任务 1
财务管理入门

【综合练习题】

一、单项选择题

1. 下列各项企业财务管理目标中,能够同时考虑资金的时间价值和投资风险因素的是(　　)。

　A. 产值最大化

　B. 利润最大化

　C. 每股收益最大化

　D. 企业价值最大化

2. 在下列各项中,能够反映上市公司股东财富最大化目标实现程度的最佳指标是(　　)。

　A. 总资产报酬率

　B. 净资产收益率

　C. 每股市价

　D. 每股收益

3. 某公司董事会召开公司战略发展讨论会,拟将企业价值最大化作为财务管理目标,下列理由中,难以成立的是(　　)。

　A. 有利于规避企业短期行为

　B. 有利于量化考核和评价

C. 有利于持续提升企业获利能力

D. 有利于均衡风险与报酬的关系

4. 下列有关相关者利益最大化目标的具体内容中,不正确的是( )。

A. 强调尽可能降低风险

B. 强调股东的首要地位

C. 加强对企业代理人的监督和控制

D. 保持与政府部门的良好关系

5. 某上市公司针对经常出现中小股东质询管理层的情况,拟采取措施协调所有者与经营者的矛盾。下列各项中,不能实现上述目的的是( )。

A. 强化内部人控制

B. 解聘总经理

C. 加强对经营者的监督

D. 将经营者的报酬与其绩效挂钩

6. 下列各项中,能够用于协调企业所有者与企业债权人矛盾的方法是( )。

A. 解聘

B. 接收

C. 激励

D. 停止借款

7. 财务管理的核心工作环节为( )。

A. 财务预测

B. 财务决策

C. 财务预算

D. 财务控制

8. 按照金融工具的属性可以将金融市场分为( )。

A. 基础性金融市场和金融衍生品市场

B. 资本市场、外汇市场和黄金市场

C. 发行市场和流通市场

D. 货币市场和资本市场

二、多项选择题

1. 利润最大化目标存在的问题是（　　）。

A. 不能反映企业创造剩余产品的能力

B. 不能反映企业创造利润与投入资本的关系

C. 不能反映企业所承受的风险程度

D. 不能反映企业取得收益的时间价值因素

2. 股东财富最大化的优点不包括（　　）。

A. 考虑了风险因素

B. 避免企业追求短期行为

C. 可准确反映企业财务管理状况

D. 考虑了相关者的利益

3. 下列属于相关者利益最大化目标优点的是（　　）。

A. 是一个多元化、多层次的目标体系

B. 避免企业追求短期行为

C. 体现了合作共赢的价值理念

D. 体现了前瞻性和可操作性的统一

4. 为确保企业财务目标的实现，下列各项中，可用于协调所有者与经营者矛盾的措施有（　　）。

A. 所有者解聘经营者

B. 所有者向企业派遣财务总监

C. 公司被其他公司接收或吞并

D. 所有者给经营者以"股票期权"

5. 下列各项中，可用来协调公司债权人与所有者矛盾的方法有（　　）。

A. 规定借款用途

B. 规定借款的信用条件

C. 要求提供借款担保

D. 收回借款或不再借款

6. 在下列各项中,属于财务管理经济环境构成要素的有( )。

A. 经济周期

B. 经济发展水平

C. 宏观经济政策

D. 公司治理结构

7. 下列属于基本金融工具的有( )。

A. 股票

B. 货币

C. 债券

D. 票据

8. 下列有关货币市场表述正确的是( )。

A. 货币市场也称为短期金融市场,它交易的对象具有较强的货币性

B. 也称为资本市场,其收益较高而流动性较差

C. 资金借贷量大

D. 交易的目的主要是满足短期资金周转的需要

三、判断题

1. 从财务管理的角度来看,企业价值所体现的资产的价值,既不是其成本价值,也不是其现时的会计收益。 ( )

2. 相关者利益最大化是指与企业利益相关的所有者、债权人和经营者的利益最大化。 ( )

3. 在协调所有者与经营者矛盾的方法中,"接收"是一种通过所有者来约束经营者的方法。 ( )

4. 财务管理的技术环境,是指财务管理得以实现的技术手段和技术条件,它决定着财务管理的效率和效果。 ( )

5. 金融工具是指融通资金双方在金融市场上进行资金交易、转让的工具,借助金融工具,资金从供给方转移到需求方。   (   )

6. 金融市场是指资金供应者和资金需求者双方通过一定的金融工具进行交易而融通资金的场所。   (   )

7. 基础性金融市场所交易的对象有股票、债券、票据、期货、期权等各种金融工具。   (   )

任务 2
风险与收益分析

【综合练习题】

一、单项选择题

1. 已知甲方案投资收益率的期望值为 15%,乙方案投资收益率的期望值为 12%,两个方案都存在投资风险。比较甲、乙两方案风险大小应采用的指标是( )。

A. 方差

B. 投资收益率的期望值

C. 标准离差

D. 标准离差率

2. 在证券投资中,通过随机选择足够数量的证券进行组合可以分散掉的风险是( )。

A. 所有风险

B. 市场风险

C. 系统性风险

D. 非系统性风险

3. 一个公司股票的 β 系数为 1.5,无风险利率为 8%,市场上所有股票的平均报酬率为 10%,则该公司股票的预期报酬率为( )。

A. 11%

B. 12%

C. 15%

D. 10%

4. 某企业将汽车向保险公司投保,其做法属于(　　)。

A. 转移风险

B. 减少风险

C. 接受风险

D. 规避风险

5. 对于下列因素引起的风险,投资者可以通过组合投资予以分散的是(　　)。

A. 市场利率上升

B. 社会经济衰退

C. 技术革新

D. 通货膨胀

6. 关于β系数,描述正确的是(　　)。

A. 大于0且小于1

B. 证券市场线的斜率

C. 衡量资产系统风险的标准

D. 在-1和1之间

7. 单项资产的β系数大于1,说明(　　)。

A. 该单项资产的风险大于整个市场投资组合的风险

B. 该单项资产的风险小于整个市场投资组合的风险

C. 该单项资产的风险不一定大于整个市场投资组合的风险

D. 该单项资产的风险不一定小于整个市场组合的风险

8. 非系统风险(　　)。

A. 归因于广泛的价格趋势和事件

B. 源于公司本身的商业活动和财务活动

C. 不能通过投资组合予以分散

D. 通常以 β 系数进行衡量

9. 企业有计划地计提资产减值准备,属于风险对策中的(　　　)。

A. 风险自担

B. 风险自保

C. 减少风险

D. 规避风险

10. 有两个投资项目,甲、乙项目报酬率的期望值分别为 15％和 23％,标准差分别为 30％和 33％,那么(　　　)。

A. 甲项目的风险程度大于乙项目的风险程度

B. 甲项目的风险程度小于乙项目的风险程度

C. 甲项目的风险程度等于乙项目的风险程度

D. 不能确定

二、多项选择题

1. 下列项目中,属于转移风险对策的有(　　　)。

A. 进行准确的预测

B. 向保险公司投保

C. 租赁经营

D. 业务外包

2. 在下列各项中,属于财务管理风险对策的有(　　　)。

A. 规避风险

B. 减少风险

C. 转移风险

D. 接受风险

3. 下列有关证券投资风险的表述中,正确的有(　　　)。

A. 证券投资组合的风险有非系统风险和系统风险两种

B. 公司特定风险是系统风险

C. 股票的市场风险不能通过证券投资组合加以消除

D. 当投资组合中股票的种类特别多时,非系统性风险几乎可全部分散掉

4. 关于股票或股票组合的β系数,下列说法正确的是（　　）。

A. 作为整体的市场投资组合的系数为1

B. 股票组合的β系数是构成组合的个股β系数的加权平均数

C. 股票的β系数用来衡量个别股票的系统风险

D. 股票的β系数用来衡量个别股票的非系统风险

5. 关于标准差与标准离差率的表述中正确的有（　　）。

A. 标准差反映概率分布中各种可能结果对期望值的偏离程度

B. 如果方案的期望值相同,标准差越大则风险越大

C. 在各方案期望值不同的情况下,应借助于标准离差率衡量方案的风险程度,标准离差率越大,方案的风险越大

D. 标准离差率就是方案的风险报酬率

6. 按照资本资产定价模型,确定特定股票必要收益率所考虑的因素有（　　）。

A. 无风险收益率

B. 公司股票的特有风险

C. 特定股票的β系数

D. 所有股票的年均收益率

三、判断题

1. 对可能给企业带来灾难性损失的项目,企业应主动采取合资、联营和联合开发等措施,以规避风险。　　　　　　　　　　　　　　　　（　　）

2. 根据人们对风险的偏好将其分为风险回避者、风险追求者和风险中立者。风险中立者选择资产的态度是:当预期收益率相同时,偏好于具有低风险的资产;而对于具有同样风险的资产,则钟情于具有高预期收益率的资产。

（　　）

3. 证券组合风险的大小,等于组合中各个证券风险的加权平均数。

（　　）

4. 如果风险低的资产的预期收益率也低,风险高的资产的预期收益率也高,则对于风险中立者而言,不一定会选择预期收益率高的资产。　（　　）

5. 在期望值不同的情况下,标准离差与风险成反比。　（　　）

6. 股票投资的市场风险是无法避免的,不能用多角化投资来回避,而只能靠更高的报酬率来补偿。　（　　）

7. 已知甲、乙两个投资项目收益率的标准差分别是6％和12％,投资比例分别为50％,两个投资项目收益率的相关系数为－1,则甲、乙两个项目构成的投资组合的标准差为3％。　（　　）

8. 只要两种证券相关系数小于1,证券组合报酬率的标准差就小于各证券报酬率标准差的加权平均数。　（　　）

四、计算分析题

1. 目前有甲、乙两个投资方案,其具体情况见下表。

市场状况	概率	甲方案投资收益	乙方案投资收益
好	35％	120	100
一般	45％	60	65
差	20％	－20	－15

要求:用风险收益均衡原则判断企业该选择何种投资方案。

2. 假设 A 资产和 B 资产在不同经济状态下可能的收益率以及各种经济状态下出现的概率如下表所示。

经济状态	发生概率	A 资产收益率	B 资产收益率
繁荣	1/3	30%	−5%
一般	1/3	10%	7%
衰退	1/3	−7%	19%

如果 A 资产和 B 资产的投资比重各为 50%，A 资产和 B 资产形成一个资产组合。

要求：(1) 计算资产组合的预期收益率；(2) 假设 A、B 资产收益率的协方差为−1.48%，计算 A、B 资产收益率的相关系数、资产组合收益率的方差和标准差。

3. K公司原持有甲、乙、丙三种股票构成证券组合,它们的 β 系数分别为 2.0、1.5、1.0;它们在证券组合中所占比重分别为 60%、30% 和 10%,市场上所有股票的平均收益率为 12%,无风险收益率为 10%。该公司为降低风险,售出部分甲股票,买入部分丙股票,甲、乙、丙三种股票在证券组合中所占比重变为 20%、30% 和 50%,其他因素不变。要求:

(1) 计算原证券组合的 β 系数;

(2) 判断原证券组合的预期收益率达到多少时,投资者才会愿意投资;

(3) 判断新证券组合的预期收益率达到多少时,投资者才会愿意投资。

任务 3
资金时间价值与证券评价

【综合练习题】

一、单项选择题

1. 分期付款购物,每年年初付 600 元,一共付 6 年,若利率为 10%,则相当于现在一次性付款(   )。

   A. 2 874.5 元

   B. 2 613 元

   C. 2 718.5 元

   D. 3 215 元

2. 某股票股利每年按 8% 增长,投资者准备长期持有,预期获得 12% 的报酬率,该股票最近支付的股利为 2 元,则该股票的价值为(   )。

   A. 50 元

   B. 54 元

   C. 16.67 元

   D. 25 元

3. 甲投资项目的名义利率为 8%,每季度复利一次;乙投资项目每月复利一次,如果要与甲投资项目的实际利率相等,名义利率应为(   )。

   A. 4%

   B. 7.94%

C. 8.24%

D. 16%

4. 计算预付年金终值时,应用下列公式(　　)。

A. $A\times(P/A,i,n)\times(1+i)$

B. $A\times(F/A,i,n)\times(1+i)$

C. $A\times(P/F,i,n)\times(1+i)$

D. $A\times(F/P,i,n)\times(1+i)$

5. 发生在每期期初的年金,被称为(　　)。

A. 即付年金

B. 普通年金

C. 永续年金

D. 递延年金

6. 已知$(F/A,10\%,9)=13.579$,$(F/A,10\%,11)=18.531$。则 10 年、10%的即付年金终值系数为(　　)。

A. 17.531

B. 15.937

C. 14.579

D. 12.579

7. 普通股的内在价值是(　　)。

A. 由普通股带来的未来现金流量的现值决定的

B. 指已经发放的股利折算到现在某一时点所对应的金额

C. 站在筹资者的角度计算的

D. 股票的市价

8. 关于递延年金,下列说法错误的是(　　)。

A. 递延年金是指隔若干期以后才开始发生的系列等额收付款项

B. 递延年金没有终值

C. 递延年金现值的大小与递延期有关,递延期越长,现值越小

D. 递延年金终值与递延期无关

9. 张先生想购买甲公司发行的股票并长期持有,已知该股票上年每股发放的股利为 2 元,未来股利预计将以 6% 的增长率稳定增长,目前股票的市价为 20 元,假设张先生购买这只股票要求的最低报酬率是 16%,那么张先生作出的合理决定是(   )。

A. 股票的价值大于市价,不应该购买

B. 股票的价值大于市价,应该购买

C. 股票的价值小于市价,不应该购买

D. 股票的价值小于市价,应该购买

10. 某公司从本年度起每年年末存入银行一笔固定金额的款项,若按复利最简便算法计算第 n 年年末可以从银行取出的本利和,则应选用的时间价值系数是(   )。

A. 复利终值系数

B. 复利现值系数

C. 普通年金终值系数

D. 普通年金现值系数

11. 某股票为固定成长股,其成长率为 3%,预期第一年后的股利为 4 元。假定目前国库券收益率为 13%,平均风险股票必要收益率为 18%,而该股票的 β 系数为 1.2,那么该股票的价值为(   )元。

A. 25

B. 23

C. 20

D. 4.8

二、多项选择题

1. 实际工作中以年金形式出现的是(   )。

A. 采用加速折旧法所计提的各年的折旧费

B. 租金

C. 奖金

D. 特定资产的年保险费

2. 与股票内在价值呈反向变化的因素有（　　　）。

A. 股利年增长率

B. 年股利

C. 必要收益率

D. β系数

3. 下列关于资金时间价值的表述中正确的有（　　　）。

A. 资金时间价值遵循利润平均化规律

B. 资金时间价值与通货膨胀率没有必然联系

C. 可以直接用政府债券利率来表现时间价值

D. 商品经济的高度发展是时间价值的存在基础

4. 证券投资的收益包括（　　　）。

A. 现价与原价的价差

B. 股利收益

C. 债券利息收益

D. 出售收入

5. 决定债券收益率的主要因素有（　　　）。

A. 票面利率

B. 期限

C. 面值和出售价格

D. 持有时间和购买价格

6. 以下关于债券票面收益率的说法，正确的是（　　　）。

A. 又称名义收益率或息票率

B. 是年利息收入与债券面额的比率

C. 反映了债券按面值购入、持有到期满所获得的收益水平

D. 是投资人要求的必要报酬率

7. 在计算不超过一年期债券的持有期年均收益率时，应考虑的因素包

括( )。

    A. 本期收益率

    B. 票面收益率

    C. 直接收益率

    D. 持有期收益率

三、判断题

    1. 普通年金现值系数加 1 等于同期、同利率的预付年金现值系数。

                                                  ( )

    2. 名义利率指一年内多次复利时给出的年利率,它等于每期利率与年内复利次数的乘积。( )

    3. 预付年金与普通年金的区别仅在于计息时间的不同。( )

    4. 用来代表资金时间价值的利息率中包含着风险因素。( )

    5. 一般而言,银行利率上升,则证券价格上升;银行利率下降,则证券价格下跌。( )

    6. 资金时间价值,是指一定量资金在不同时点上的价值量差额。资金的时间价值来源于资金进入社会再生产过程后的价值增值。通常情况下,它相当于没有风险的社会平均利润率,是利润平均化规律发生作用的结果。

                                                  ( )

    7. 李先生希望在退休后每年还能获得 8 000 元以贴补家用,已知银行的存款利率为 4%,那么李先生在退休时应该在银行存入 200 000 元。( )

    8. 投资债券的收益除了获得年利息收入和资本损益外,无法获得其他额外收益。( )

17

四、计算分析题

1. 某人贷款 30 万元,期限 30 年,利率 4.217 4‰,等额本息还款,问每个月月底还款金额为多少?

2. 企业投资某基金项目,投入金额为 1 280 000 元,该基金项目的投资年收益率为 12%,投资的年限为 8 年,如果企业一次性在最后一年收回投资额及收益,则企业最终可收回多少资金?(复利)

3. 某企业需要在 4 年后有 1 500 000 元的现金,现在有某投资基金的年收益率为 18%,如果现在企业投资该基金应投入多少元?(复利)

4. 某人参加保险,每年投保金额为 2 400 元,投保年限为 25 年,则在投保收益率为 8% 的条件下,(1) 如果每年年末支付保险金,25 年后可得到多少现金?(2) 如果每年年初支付保险金,25 年后可得到多少现金?

5. 企业向租赁公司融资租入设备一台,租赁期限为 8 年,该设备的买价为 320 000 元,租赁公司的综合率为 16%,则企业在每年的年末等额支付的租金为多少? 如果企业在每年的年初支付租金又为多少?

6. 某人购买商品房,有三种付款方式。A:每年年初支付购房款 80 000 元,连续支付 8 年。B:从第三年开始,在每年的年末支付房款 132 000 元,连续支付 5 年。C:现在支付房款 100 000 元,以后在每年年末支付房款 90 000 元,连续支付 6 年。在市场资金收益率为 14% 的条件下,应该选择何种付款方式?

7. 某人 2008 年 1 月开始进行基金定投,每个月 22 日由指定银行固定购买 500 元基金,2009 年 12 月底,其基金市值为 14 600 元,问此人 2 年中基金的年收益率为多少?

8. 分期付息,到期还本付息债券持有期收益率计算。华生企业 2007 年 1 月 1 日购入 A 公司同日发行的 8 年期、每年末付息一次、到期还本债券,面值 10 000 元,票面利率 12%,买入价格为 10 600 元。华生企业准备持有该债券至到期。则该债券持有期年均收益率为多少?

9. 已知：某公司发行票面金额为 1 000 元、票面利率为 8% 的 3 年期债券，该债券每年计息一次，到期归还本金，当时的市场利率为 10%。要求：

（1）计算该债券的理论价值。

（2）假定投资者甲以 940 元的市场价格购入该债券，准备一直持有至期满，若不考虑各种税费的影响，计算到期收益率。

10. 华泰公司购买面值 10 万元、票面利率 5%、期限为 10 年的债券。每年 1 月 1 日付息，当时市场利率为 7%。要求：（1）计算该债券价值；（2）若该债券市价是 92 000 元，是否值得购买？（3）如果按债券价格购入了该债券，并一直持有至到期日，则此时购买债券的持有期年均收益率是多少？

11. 某种股票预计前三年的股利高速增长,年增长率 10%,第 4—6 年转入正常增长,股利年增长率为 5%,第 7 年及以后各年均保持第六年的股利水平,今年刚分配的股利为 5 元,无风险收益率为 8%,市场上所有股票的平均收益率为 12%,该股票的 β 系数为 1.5。要求:

(1) 计算该股票的内在价值;

(2) 如果该股票目前的市价为 50 元/股,请判断企业是否会购买该股票。

12. 甲公司现在持有两种证券 A 和 B,A 是某公司于 2005 年 1 月 1 日发行的债券,面值为 1 000 元,5 年期,票面利率为 10%,每年的 6 月 30 日和 12 月 31 日发放一次利息,甲公司于 2007 年 1 月 1 日购入。B 是某股份公司发行的股票,甲公司以 20 元/股的价格购入。

请回答下列互不相关的问题:

(1) 如果甲公司购买债券时的价格为 1 020 元,在 2007 年 10 月 1 日将债券以 1 050 元的价格售出,请问持有期年均收益率是多少?

(2) 如果甲在持有 B 股票 2 年后将其出售,出售价格为 25 元,在持有的两年里,甲公司分别获得 1 元和 2 元的股利,请问持有期年均收益率是多少?

$(P/F, 18\%, 1) = 0.847\,5$,$(P/F, 18\%, 2) = 0.718\,2$,$(P/F, 20\%, 1) = 0.833\,3$,$(P/F, 20\%, 2) = 0.694\,4$

五、综合题

某投资者准备投资购买股票,现有 A、B 两家公司可供选择,从 A、B 公司的有关会计报表及补充资料中获知,2012 年 A 公司发放的每股股利为 5 元,股票每股市价为 30 元。B 公司发放的每股股利为 2 元,股票每股市价为 20 元。预期 A 公司未来年度内股利恒定;预期 B 公司股利将持续增长,年增长率为 4%,假定目前无风险收益率为 8%,市场上所有股票的平均收益率为 12%,A 公司股票的 β 系数为 2,B 公司股票的 β 系数为 1.5。

要求:

(1) 计算 A 公司股票的必要收益率为多少?

(2) 计算 B 公司股票的必要收益率为多少?

(3) 通过计算股票价值并与股票市价相比较,判断是否应当购买两公司股票。

(4) 若投资购买两种股票各 100 股,该投资组合的综合 β 系数为多少?

(5) 若投资购买两种股票各 100 股,该投资组合投资人要求的必要收益率为多少?

(6) 若打算长期持有 A 公司股票,则持有收益率为多少?

(7) 若打算长期持有 B 公司股票,则持有收益率为多少?

【课程阶段实训】 资金时间价值与证券评价实训

一、实训教学目的

1. 应会：运用 Excel 电子表进行终值、现值模型的创建及在证券评价中的应用。

2. 熟悉：Excel 的一般操作方法以及相关工具的运用。

3. 情感态度：进一步认识 Excel 电子表在财务管理中的重要性，解决实际工作中的相关问题的作用，培养严谨求实的工作作风。

二、实训条件准备

1. 机房：满足一人一机，且保证每台计算机中安装 Excel 2003 软件，并能正常使用。

2. 学生：实训前完成资金时间价值与证券评价实训指导书预习。

三、实训成绩考核方式与标准

本次实训总分计为 100 分，具体评定细则为：

1. 遵守实训纪律，学习积极主动（10 分），现场考勤与考查结合。

2. 会 Excel 软件的基本操作（20 分），现场逐人考查基本操作活动。

3. 能用 Excel 创建复利和年金的终值、现值、模型以及公司债券和普通股估价模型，电子表格设计合理（50 分），现场逐人考查基本操作活动。

4. 会应用已创建的终值、现值以及债券和普通股估价模型（20 分），现场逐人考查基本操作结果。

四、实训内容

(一)现值的计算

计算普通年金现值;计算复利现值;计算预付年金现值。

(二)终值的计算

计算复利终值及利息;计算普通年金终值;计算预付年金终值。

(三)贴现率计算

测算报酬率;测算债券市场利率;计算分期收款的折现率。

(四)期数计算

计算资金积累期;计算对比方案的设备使用年限;计算还款期。

(五)等额收(付)款计算

投资回收的年金测算;按揭方式下分期收(付)款额的计算;养老金存款规划。

(六)证券评价

股票收益率及股价计算;债券收益率及债券价格计算

五、实训方法与步骤

建立 Excel 工作簿,将其命名为"阶段综合实训　资金时间价值与证券评价实训",打开已建立的工作簿,将 sheet1 重新命名为"实训内容"。根据提供的资料,选择合适的财务函数进行相关计算。

（一）现值的计算

【资料 1】 计算普通年金现值。购买一项基金，购买成本为 80 000 元，该基金可以在以后 20 年内于每月月末回报 600 元。若要求的最低年回报率为 8%，问投资该项基金是否合算？

在"实训内容"工作表中选定单元格 A1，输入"一、现值计算"，在 A2 单元格输入"资料 1"，选定 B2 单元格，单击工具栏中的"fx"粘贴函数，弹出"函数分类"对话框，选择"财务"中的"PV"函数，点击"确定"，在参数对话框中，分别在"rate, nper, pmt"栏中分别输入数据"8%/12，12 * 20，−600"，点击"确定"，单元格中显示 71 732.58。这就是每月 600 元，一共 12 年年金的现在价值，低于目前的实际购买成本 80 000 元，因此投资该项基金是不合算的。

【资料 2】 计算复利现值。某企业计划在 5 年后获得一笔资金 1 000 000 元，假设年投资报酬率为 10%，问现在应该一次性地投入多少资金？

在 C2 单元格输入"资料 2"，选定 D2 单元格，单击工具栏中的"fx"粘贴函数，弹出"函数分类"对话框，选择"财务"中的"PV"函数，点击"确定"，在参数对话框中，分别在"rate, nper, fv"栏中分别输入数据"10%，5，−1 000 000"，点击"确定"，D2 单元格中显示 620 921.32。即在 10% 的利率的情况下，现在需要存 620 921.32 元，才能在 5 年后得到 100 万元。

【资料 3】 计算预付年金现值。有一笔 5 年期分期付款购买设备的业务，每年年初付 500 000 元，银行实际年利率为 6%。问该项业务分期付款总额相当于现在一次性支付多少价款？

在 E2 单元格输入"资料 3"，选定 F2 单元格，单击工具栏中的"fx"粘贴函数，弹出"函数分类"对话框，选择"财务"中的"PV"函数，点击"确定"，在参数对话框中，分别在"rate, nper, pmt, type"栏中分别输入数据"6%，5，−500 000，1"，点击"确定"，F2 单元格中显示 2 232 552.81。即为每年年初付 500 000 元，在 6% 的利率的情况下折算为现在价值为 2 232 552.81 元。

（二）终值的计算

【资料4】 计算复利终值及利息。向银行借款1 000万元，年利率8％，期限5年，到期一次还本付息。问5年后应偿还多少万元？其中有多少利息？

在"实训内容"工作表中选定单元格A4，输入"二、终值的计算"，在A5单元格输入"资料4"，选定B5单元格，单击工具栏中的"fx"粘贴函数，弹出"函数分类"对话框，选择"财务"中的"FV"函数，点击"确定"，在参数对话框中，分别在"rate,nper,pv"栏中分别输入数据"8％,5,－1 000"，点击"确定"，单元格中显示1 469.33。这就是1 000万元的终值。选定C5单元格输入"＝B5－1 000"，即得到利息469.33。

【资料5】 计算普通年金终值。某企业计划从现在起每月月末存入20 000元，如果按月利息0.353％计算，那么两年以后该账户的存款余额会是多少？

在"实训内容"工作表中选定单元格D5，输入"资料5"，选定E5单元格，单击工具栏中的"fx"粘贴函数，弹出"函数分类"对话框，选择"财务"中的"FV"函数，点击"确定"，在参数对话框中，分别在"rate,nper,pmt"栏中分别输入数据"0.353％,2＊12,－20 000"，点击"确定"，单元格中显示499 999.50。这就是存款的余额。

【案例6】 计算预付年金终值。某企业计划从现在起每月月初存入20 000元，如果按月利息0.353％计算，那么两年以后该账户的存款余额会是多少？

在"实训内容"工作表中选定单元格F5，输入"资料6"，选定G5单元格，单击工具栏中的"fx"粘贴函数，弹出"函数分类"对话框，选择"财务"中的"FV"函数，点击"确定"，在参数对话框中，分别在"rate,nper,pmt,type"栏中分别输入数据"0.353％,2＊12,－20 000,1"，点击"确定"，单元格中显示501 764.50。这就是存款的余额。

（三）贴现率计算

【资料7】 测算报酬率。现有15 000元，要想在10年后达到50 000元，那么在选择投资项目时，最低可接受的报酬率是多少？

在"实训内容"工作表中选定单元格 A7,输入"三、贴现率的计算",在 A8 单元格输入"资料 7",选定 B8 单元格,单击工具栏中的"fx"粘贴函数,弹出"函数分类"对话框,选择"财务"中的"RATE"函数,点击"确定",在参数对话框中,分别在"nper,pv,fv"栏中分别输入数据"10,15 000,-50 000",点击"确定",单元格中显示 12.79%。即为最低可接受的报酬率。(四舍五入保留结果,可以根据需要规定保留小数位,下同)

【资料 8】 测算债券市场利率。某企业发行面值为 100 万元的 5 年期债券,票面利率为 6%,每年付息一次,到期还本,债券发行价格为 110 万元,问债券发行时的市场利率为多少?

在 C8 单元格输入"资料 8",选定 D8 单元格,单击工具栏中的"fx"粘贴函数,弹出"函数分类"对话框,选择"财务"中的"RATE"函数,点击"确定",在参数对话框中,分别在"nper,pmt,pv,fv"栏中分别输入数据"5,100 * 6%,-110,100",点击"确定",单元格中显示 3.77%。结果表明,溢价发行债券时,其市场利率为 3.77%。

【资料 9】 计算分期收款的折现率。某公司出售一套设备,协议约定采用分期收款方式,从销售当年年末开始分 5 年收款,每年收 200 万元,合计 1 000 万元(不考虑增值税)。假定购货方在销售成立日支付货款,付 800 万元即可。购货方在销售成立日支付的 800 万元可以看作是应收金额的公允价值。该笔业务的账务处理,涉及折现率的计算问题,即要计算每年年末的"未实现融资收益"和"财务费用"数据。首先要计算年金为 200 万元、期数为 5 年、现值为 800 万元的折现率。

在 E8 单元格输入"资料 9",选定 F8 单元格,单击工具栏中的"fx"粘贴函数,弹出"函数分类"对话框,选择"财务"中的"RATE"函数,点击"确定",在参数对话框中,分别在"nper,pmt,pv"栏中分别输入数据"5,200,-800",点击"确定",单元格中显示 7.93%,即为分期收款销售的实际利率。

(四)期数计算

【资料 10】 计算资金积累期。某企业现有资金 100 000 元,投资项目的年报酬率为 8%，问多少年后可以使现有资金增加到 200 000 元？

在"实训内容"工作表中选定单元格 A10，输入"四、期数的计算"，在 A11 单元格输入"资料 10"，选定 B11 单元格，单击工具栏中的"fx"粘贴函数，弹出"函数分类"对话框，选择"财务"中的"NPER"函数，点击"确定"，在参数对话框中，分别在"rate，pv，fv"栏中分别输入数据"8%，−100 000，200 000"，点击"确定"，单元格中显示 9.01，即需要 9.01 年可以使资金增加 1 倍。

【资料 11】 计算对比方案的设备使用年限。某企业拟购置一台柴油机或汽油机。柴油机比汽油机每月可以节约燃料费 5 000 元，但柴油机的价格比汽油机高出 50 000 元。假设资金的年报酬率为 18%，年资金周转 12 次以上（每月复利一次）。问柴油机至少应使用多少年才合算？

在 C11 单元格输入"资料 11"，选定 D11 单元格，单击工具栏中的"fx"粘贴函数，弹出"函数分类"对话框，选择"财务"中的"NPER"函数，点击"确定"，在参数对话框中，分别在"rate，pmt，pv"栏中分别输入数据"18%/12，5 000，−50 000"，点击"确定"，单元格中显示 10.92，即柴油机至少应使用 10.92 年才合算。

【资料 12】 计算还款期。按揭方式购房，首付后贷款 600 000 元，假设贷款的年利率为 7.95%，每月还款能力为 5 000 元，问需多少年能够还清贷款？

在 E11 单元格输入"资料 12"，选定 F11 单元格，单击工具栏中的"fx"粘贴函数，弹出"函数分类"对话框，选择"财务"中的"NPER"函数，点击"确定"，在参数对话框中，分别在"rate，pmt，pv"栏中分别输入数据"7.95%/12，5 000，−600 000"，点击"确定"，单元格中显示 240，即需要还 240 个月，在 G11 中输入"E11/12"，回车，显示 20 年，即需要 20 年才能还清贷款。

（五）等额收（付）款计算

【资料 13】 投资回收的年金测算。假设以 10% 的年利率借款 20 000 元，投资于寿命为 10 年的某个项目，每年回收的金额是多少？

在"实训内容"工作表中选定单元格 A13，输入"五、等额收（付）款计算",在 A14 单元格输入"资料 13",选定 B14 单元格,单击工具栏中的"fx"粘贴函数,弹出"函数分类"对话框,选择"财务"中的"PMT"函数,点击"确定",在参数对话框中,分别在"rate,nper,pv"栏中分别输入数据"10%,10,−20 000",点击"确定",单元格中显示 3 254.91,即每年收回的金额为3 254.91 元。

【资料 14】 按揭方式下分期收(付)款额的计算。按揭购房贷款额为600 000 元,假设 25 年还清,贷款年利率为 8%。问:每月底需要支付的还本付息额是多少? 如果在每月月初还款,则每月还款额又为多少?

在 C14 单元格输入"资料 14",选定 D14 单元格,单击工具栏中的"fx"粘贴函数,弹出"函数分类"对话框,选择"财务"中的"PMT"函数,点击"确定",在参数对话框中,分别在"rate,nper,pv"栏中分别输入数据"8%/12,25 * 12,−600 000",点击"确定",单元格中显示 4 630.90,即每月月末还款 4 630.90元;选定 E14,单击工具栏中的"fx"粘贴函数,弹出"函数分类"对话框,选择"财务"中的"PMT"函数,点击"确定"在参数对话框中,分别在"rate,nper,pv,type"栏中分别输入数据"8%/12,25 * 12,−600 000,1",点击"确定",单元格中显示 4 600.23,即每月月初还款 4 600.23 元。

【资料 15】 养老金存款规划。某企业计划为 30 年后退休的一批员工制订养老金计划,这些员工退休后每月月底可以从银行领取 2 500 元,连续领取25 年。若存款的复利年利率为 3%,那么该企业从今年开始每年年末需要为这批员工中的每位员工等额存入多少钱到银行?

在 F14 单元格输入"资料 15",选定 G14 单元格,单击工具栏中的"fx"粘贴函数,弹出"函数分类"对话框,选择"财务"中的"PV"函数,点击"确定",在参数对话框中,分别在"rate,nper,pmt"栏中分别输入数据"3%/12,25 * 12,−2 500",点击"确定",单元格中显示 527 191.13。(先计算职工领取 25 年退休金的现值,然后再以此为终值计算企业每月应该存入的养老金)。在 H14单元格中,选择"财务"中的"PMT"函数,点击"确定",在参数对话框中,分别在"rate,nper,fv"栏中分别输入数据"3%,30,−G14",点击"确定",单元格中显示 11 081.17,即每年年末为职工存入 11 081.17 元。

(六) 净现值计算及证券评价

在 Excel 中,计算净现值的函数是 NPV,其语法格式为:NPV(rate,value1,value2,……)。Rate 为某一期间的固定贴现率;value1,value2,……为一系列现金流,代表支出或收入。利用 NPV 函数可以计算未来投资或支出的总现值、未来收入的总现值以及净现金流量的总现值。

【资料 16】 计算分期收(付)款的总现值。甲公司 2009 年 1 月 1 日从乙公司购买一台设备,该设备已投入使用。合同约定,该设备的总价款为 1 000 万元,设备款分 3 年付清,2009 年 12 月 31 日支付 500 万元,2010 年 12 月 31 日支付 300 万元,2011 年 12 月 31 日支付 200 万元。假设 3 年期银行借款年利率为 6%。要求计算设备总价款的现值。

在"实训内容"工作表中选定单元格 A16,输入"六、净现值计算及证券评价",在 A17 单元格输入"资料 16",选定 B17 单元格,单击工具栏中的"fx"粘贴函数,弹出"函数分类"对话框,选择"财务"中的"NPV"函数,点击"确定",在参数对话框中,分别在"rate,value1,value2,value3"栏中分别输入数据"6%,500,300,200",点击"确定",单元格中显示 906.62。

【资料 17】 股票持有期收益率计算。奇强公司在 2006 年 4 月 1 日投资 610 万元购买某种股票 100 万股,在 2007 年、2008 年和 2009 年的 3 月 31 日每股各分得现金股利 0.5 元、0.6 元、0.8 元,并于 2009 年 3 月 31 日以每股 7 元的价格将股票全部售出,试计算该项股票投资的持有期收益率。

在 A19 中输入"资料 17",A20:E21 区域输入下表内容,在 A21 至 E21 单元格分别输入以下内容并回车。

持有期收益率	2007 年现金股利	2008 年现金股利	2009 年现金股利及售价	净现值
10%	=100*0.5	=100*0.6	=100*0.8+100*7	

得到

持有期收益率	2007 年现金股利	2008 年现金股利	2009 年现金股利及售价	净现值
10%	50	60	780	

计算净现值。选定 E21,输入"=NPV(A21,B21:D21)",得到净现值 681.07。

计算股票持有期收益率。单击工具栏中的"工具",在下拉菜单中选择"单变量求解",在弹出的对话框中,在"目标单元格"栏选择 E21 单元格,在"目标值"栏中输入"610",在"可变单元格"中选定 A21 单元格,点击"确定",A21 单元格显示为"14.44%",这就是股票持有期的收益率。

【资料 18】 零成长股票(即股利固定股票)股价的计算。万达公司股票每年分配股利 2 元,若投资者要求的最低报酬率为 15%,要求计算该股票的价值。

在 A22 中输入"资料 18",在 B22 中输入:"=2/15%",回车,得到股票价值为 13.33 元。

【资料 19】 股利固定增长股票股价的计算。假设奇瑞公司上年每股派发现金股利 2 元,预计以后每年的股利按 6% 递增,如果投资者必要报酬率为 12%,要求计算奇瑞公司股票的价值。

在 A23 中输入"资料 19",在 B23 中输入:"=2 * (1+6%)/(12% - 6%)",单击回车键,B23 单元格显示 35.33,这就是该股票的价值。若市场价格高于价值,不应购买,反之,则购买。

【资料 20】 分期付息、到期还本债券价格计算。宏达公司拟于 2009 年 2 月 1 日发行面额为 1 000 元,其票面利率为 8%,每年 2 月 1 日计算并支付一次利息,并于 5 年后的 1 月 31 日到期。同等风险投资报酬率为 10%。要求计算债券的价值。

利用 PV 现值函数。在 A24 中输入"资料 20",在 B24 中输入:"=PV(10%,5,-1 000 * 8%)+PV(10%,5,-1 000)",回车,B24 单元格中显示"924.18",即为债券的价值。

【资料 21】 到期一次还本付息债券价值计算。宏达公司拟于 2009 年 2

月1日发行面额为1 000元,其票面利率为8%,于5年后的1月31日到期一次还本付息。同等风险投资报酬率为10%。要求计算债券的价值。

利用PV现值函数。在A25中输入"资料21",在B25中输入:"＝PV(10%,5,-1 000＊(1+8%＊5))",回车,A8单元格中显示"869.29",即为债券的价值。

任务 4
预 算 管 理

【综合练习题】

一、单项选择题

1. 下列各项预算中,构成全面预算体系最后环节的是(　　)。

A. 特种决策预算

B. 日常业务预算

C. 财务预算

D. 期末存货预算

2. 下列各项中,不能直接在现金预算中得到反映的是(　　)。

A. 期初期末现金余额

B. 现金筹措及使用情况

C. 预算期产量和销量

D. 现金收支情况

3. 能够同时以实物量指标和价值量指标分别反映企业经营收入和相关现金收入的预算是(　　)。

A. 现金预算

B. 销售预算

C. 生产预算

D. 预计资产负债表

4. 属于编制全面预算的出发点和日常业务预算的基础是（　　　）。

A. 销售预算

B. 生产预算

C. 产品成本预算

D. 预计损益表

5. 编制生产预算时，关键是正确地确定（　　　）。

A. 销售价格

B. 销售数量

C. 期初存货量

D. 期末存货量

6. 直接材料预算的主要编制基础是（　　　）。

A. 销售预算

B. 现金预算

C. 生产预算

D. 产品成本预算

7. 下列各项中，能够集中反映财务决策结果的专门预算是（　　　）。

A. 日常业务预算

B. 特种决策预算

C. 财务预算

D. 责任预算

8. 在财务预算中，专门用以反映企业未来一定预算期内预计财务状况和经营成果的报表统称为（　　　）。

A. 现金预算

B. 预计损益表

C. 预计资产负债表

D. 预计财务报表

9. 不需另外预计现金支出，直接参加现金预算汇总的预算是（　　　）。

A. 成本预算

B. 直接人工预算

C. 销售预算

D. 制造费用预算

10. 全面预算的内容可分为三大类,即经营预算、特种决策预算和(　　)。

A. 销售预算

B. 现金预算

C. 财务预算

D. 产品成本预算

二、多项选择题

1. 编制弹性费用预算的方法包括(　　)。

A. 公式法

B. 列表法

C. 因素法

D. 百分比法

2. 关于弹性预算,下列表述中正确的是(　　)。

A. 它不必每月重复编制,但伸缩性较大

B. 它主要用于间接费用预算的编制,有时也用于利润预算

C. 编制弹性预算的目的是控制成本支出

D. 弹性预算的质量高低,取决于成本习性的分析水平

3. 下列各项中,属于滚动预算特点的有(　　)。

A. 远期指导性

B. 灵活性

C. 连续性

D. 完整性

4. 在下列各项中,被纳入现金预算的有(　　)。

A. 经营性现金收入

B. 经营性现金支出

C. 资本性现金支出

D. 现金收支差额

5. 编制现金预算的依据包括(　　)。

A. 预计财务报表

B. 特种决策预算

C. 日常业务预算

D. 资金时间价值系数表

6. 下列各项中,属于日常业务预算内容的有(　　)。

A. 生产预算

B. 产品成本预算

C. 销售费用预算

D. 制造费用预算

7. 下列预算中,真正包括能够既反映经营业务又反映现金收支内容的有(　　)。

A. 销售预算

B. 生产预算

C. 直接材料消耗及采购预算

D. 制造费用预算

8. 下列各项中,能够在销售预算中找到的内容有(　　)。

A. 销售收入

B. 销售单价

C. 销售数量

D. 回收应收账款

9. 在日常业务预算中,编制产品生产成本预算的基础包括(　　)。

A. 生产预算

B. 直接材料消耗及采购预算

C. 制造费用

D. 直接工资及其他直接支出预算

10. 集中反映财务决策结果的专门预算包括(　　　)。

A. 直接材料消耗及采购预算

B. 销售费用预算

C. 短期决策预算

D. 长期决策预算

三、判断题

1. 财务预算是全面预算体系中的最后环节,可以从价值上总括地反映经营期决策预算和业务预算结果。因此,它在全面预算中占有重要地位。
(　　　)

2. 弹性预算只是一种编制费用预算的方法。　　　　　　　　　(　　　)

3. 直接人工预算是在销售预算的基础上编制的。　　　　　　　(　　　)

4. 在编制零基预算时,应以企业现有的费用水平为基础。　　　(　　　)

5. 在现金预算中,必须反映在预算期内企业规划筹措用于抵补收支差额的现金,确保一定数额的现金余额,以及通过买入、卖出有价证券来调剂现金余缺等内容。
(　　　)

6. 生产预算是日常业务预算中唯一仅以实物量作为计量单位的预算,不直接涉及现金收支。
(　　　)

7. 直接材料消耗及采购预算和直接工资及其他直接支出预算均同时反映业务量消耗和成本消耗,但后一种预算的支出属于现金支出。　(　　　)

8. 预计财务报表的编制程序是先编制预计资产负债表,然后编制预计利润表。
(　　　)

9. 因为预计财务报表需要汇总日常业务预算、特种决策预算和现金预算的信息资料,而现金预算又是在日常业务预算和特种决策预算的基础上编制而成的,所以编制预计财务报表只要根据现金预算即可。　　　(　　　)

10. 编制现金预算的主要目的在于了解企业预算年度各季度末现金余额有多少。 （　　）

四、计算分析题

已知 A 公司的制造费用的成本习性如下表所示。

A公司的制造费用的成本习性资料

成 本 项 目	间接人工	间接材料	维修费用	水电费用	劳保费用	折旧费用	摊销费用	其他费用
固定部分(元)	6 000	1 000	220	100	800	2 800	200	880
单位变动成本率(元/小时)	1.0	0.6	0.2	0.3	—	—	—	0.1

假定 A 公司正常生产能力(100%)为 10 000 工时,试用列表法编制 A 公司生产能力在 70%—110% 范围内的弹性制造费用预算(间隔为 5%)。

【课程阶段实训】 全面预算实训

一、实训教学目的

1. 应会:运用 Excel 进行全面预算。

2. 熟悉:Excel 的一般操作方法以及相关工具的运用。

3. 情感态度:进一步认识 Excel 电子表在财务管理中的重要性,解决实际工作中的相关问题的作用,培养严谨求实的工作作风。

二、实训条件准备

1. 机房：满足一人一机，且保证每台计算机中安装 Excel 2003 软件，并能正常使用。

2. 学生：实训前完成全面预算实训指导书预习。

三、实训成绩考核方式与标准

本次实训总分计为 100 分，具体评定细则为：

1. 遵守实训纪律，学习积极主动（10 分），现场考勤与考查结合。

2. 会 Excel 软件的基本操作（10 分），现场逐人考查基本操作活动。

3. 能用 Excel 编制销售预算等各种业务预算，电子表格设计合理（40 分），现场逐人考查基本操作活动。

4. 会编制现金收支表、预计资产负债表、利润表（40 分），现场逐人考查基本操作结果。

四、实训内容

根据给定的企业各种业务资料和资产负债表完成销售预算、生产预算、材料预算、人工预算、制造费用预算、期末存货的预算、销售成本预算、销售费用与管理费用的预算、损益表、现金预算、资产负债表的预算等。

五、实训方法与步骤

1. 输入原始数据

（1）业务资料：新建 Excel，将其命名为"全面预算实训"，打开 Excel 电子表格，将 sheet1 重新命名为"资料"，建立如下表格，并输入产量和制造费用等资料。

编制全面预算有关资料			
1. 销售预测资料			
产品名称	销售量	销售单价	
甲	70 000	110	
乙	80 000	90	
2. 产品成本预测资料			
项　目	直接材料		
	材料名称	单耗（千克）	单价（元）	金额（元/件）
甲	101	8	1.5	12
乙	102	11	1.1	12.1
	直接人工		
	单耗（工时）	单价（元）	金额（元/件）
甲	3	8	24
乙	2	8	16
	制造费用		
	单耗（工时）	单价（元）	金额（元/件）
甲	3	7	21
乙	2	7	14
单位产品成本合计			
甲			57
乙			42.1

3. 期末存货资料				
材料（千克）		产成品（件）		
101	86 000	甲产品	17 000	
102	148 000	乙产品	15 000	
4. 制造费用分配基础及分配率				
项　　目	分配基础	分配率		
变动项目				
辅助材料	人工工时	1		
修 理 费	人工工时	0.8		
间接人工	人工工时	1		
其他费用	人工工时	0.2		
固定项目		估计发生额		
管理费用		361 000		
折旧费用		790 000		
财 产 税		160 000		
其他费用		165 000		
5. 管理和销售费用分配基础及分配表				
项　　目	分配基础	分配率		
变动项目				
销售佣金	销售额	0.07		
差 旅 费	销售额	0.02		

业务招待费	销售额	0.01		
固定项目		估计发生额		
工　　资		2 100 000		
折　　旧		180 000		
办公用品		220 000		
保 险 费		250 000		
财 产 税		400 000		
广 告 费		2 210 000		
6. 所得税税率		30%		
7. 销售和采购的现金收付方式				
收入项目		收现比例(%)		
期初应收账款		100%		
当期销售		91%	9%	
支出项目		付现比例		
期初应付账款		100%		
当期采购		90%	10%	
直接人工		100%		
制造费用(不包括折旧)		100%		
销售和管理费用(不包括折旧)		100%		
期初应交所得税		100%		
当期应交所得税		75%	25%	

（2）资产负债表：将电子表格 sheet2，重命名为"资产负债表"，输入以下数据。

资产负债表						
傲东电器有限公司						
20×2.12.31						
资产			金额	金额	负债	金额
现金				100 000	应付账款（直接材料款）	400 000
应收账款				600 000	应交所得税	200 000
直接材料	数量	单价			负债合计	600 000
101	90 000	1.5	135 000			
102	100 000	1.1	110 000	245 000		
产成品						
甲产品	14 000	57	798 000		权益资本	
乙产品	20 000	42.1	842 000	1 640 000	股本	8 000 000
固定资产			14 800 000		保留盈余	5 085 000
累计折旧			3 700 000	11 100 000	权益合计	13 085 000
资产合计				13 685 000	负债和权益合计	13 685 000

2. 编制销售预算

将 sheet3 重新命名为"销售预算"，建立如下表格，完成下列表格的计算。

傲东电器有限公司				
销售预算				
20×3 年				
项 目	甲产品	乙产品	合 计	附 注
销售量（件）				
产品单价				
销售收入				

步骤：甲产品的产量单元格数据的计算，鼠标选中放甲产品数量的单元格，输入"＝"，单击"资料"工作表，选择资料1中对应的甲产品产量单元格，回车，甲产品销量70 000，其他资料类推。销售收入＝单价×产量。

3. 编制生产预算

将 sheet4 重新命名为"生产预算"，建立如下表格，完成下列表格的计算。

傲东电器有限公司				
生产预算				
20×3 年				
项　目	甲产品	乙产品	合　计	附　注
本期销售量（件）				
期末产成品存货量				
总需要量				
期初产成品存货量				
本期生产量				

本期销售量与期末产成品存货量链接"资料"工作表中资料2和"销售预算"工作表中的对应数据。本期产量＝本期销售量＋期末产成品存货量－期初产成品存货量。

4. 编制材料预算

将 sheet5 重新命名为"材料预算"，建立如下表格，完成下列表格的计算。

项　目	101	102	合　计	附　注
本期生产量（件）				
单位材料耗用量				
本期材料使用量				
期末材料存货量				

项　目	101	102	合　计	附　注
总需求量				
期初材料存货量				
本期材料采购量				
材料采购单价				
采购总成本				

链接"生产预算"、"资料"、"资产负债表"等工作表中的对应数据,本期材料使用量＝产量×单位材料耗用量;本期材料采购量＝本期材料使用量＋期末材料存货量－期初材料存货量;采购成本＝本期材料采购量×材料采购单价。

5. 编制人工预算

将 sheet6 重新命名为"人工预算",建立如下表格,完成下列表格的计算。

傲东电器有限公司				
直接人工预算				
20×3 年				
项　目	甲产品	乙产品	合　计	附　注
本期生产量(件)				
单位工时耗用量				
本期工时使用量				
小时工资率				
直接人工总成本				

链接"生产预算"、"资料"等工作表中的对应数据;本期工时使用量＝本期生产量×单位工时耗用量;直接人工总成本＝本期工时使用量×小时工资率。

6. 编制制造费用预算

将 sheet7 重新命名为"制造费用预算",建立如下表格,完成下列表格的计算。

傲东电器有限公司				
制造费用预算				
20×3 年				
项　目	分配基础	分配率	金　额	附　注
辅助材料				
修理费				
间接人工				
其他费用				
变动制造费用小计				
管理费用				
折旧费用				
财产税				
其他费用				
固定制造费用小计				
制造费用合计				
制造费用分配率				
付现的制造费用合计				

链接"人工预算"、"资料"等工作表中的对应数据。

7. 编制期末存货的预算

将 sheet8 重新命名为"期末存货预算",建立如下表格,完成下列表格的计算。

傲东电器有限公司				
期末存货预算				
20×3 年				
1. 直接材料存货	101 材料	102 材料	金 额	附 注
期末存货量				
单位成本				
期末材料存货成本				
2. 产成品存货	甲产品	乙产品		
期末存货量				
单位成本				
期末产成品存货成本				
期末存货成本合计				

链接"直接材料预算"、"生产预算"、"资料"等工作表中的对应数据。

8. 编制销售成本预算

将 sheet9 重新命名为"销售成本预算",建立如下表格,完成下列表格的计算。

傲东电器有限公司		
销售成本预算		
20×3 年		
期初材料存货成本		
本期购进材料存货成本		

可利用材料成本合计		
期末材料存货成本		
已耗用材料成本		
直接人工成本		
制造费用		
本期生产产品成本合计		
期初产成品存货成本		
可销售的产品成本		
期末产成品存货成本合计		
本期已销售产品成本		

链接"资产负债表"、"直接材料预算"、"存货预算"、"人工预算"、"制造费用预算"等工作表中的对应数据。

9. 编制销售费用与管理费用的预算

将 sheet10 重新命名为"销售与管理费用预算",建立如下表格,完成下列表格的计算。

傲东电器有限公司				
销售与管理费用预算				
20×3 年				
项　　　目	分配基础	分配率	金　额	附　注
销售佣金	14 900 000	0.07	1 043 000	销售预算、资料
差旅费	14 900 000	0.02	298 000	销售预算、资料
业务招待费	14 900 000	0.01	149 000	销售预算、资料
变动销售和管理费用成本合计			1 490 000	

项 目	分配基础	分配率	金 额	附 注
工资		2 100 000		资料
折旧		180 000		资料
办公用品		220 000		资料
保险费		250 000		资料
财产税		400 000		资料
广告费		2 210 000		
固定销售和管理费用成本合计		5 360 000		
销售和管理费用成本合计			6 850 000	

链接"销售预算"、"资料"等工作表中的对应数据。

10. 编制预计损益表

将 sheet11 重新命名为"预计损益表",建立如下表格,完成下列表格的计算。

傲东电器有限公司		
预计损益表		
20×3 年		
销售收入		
销售成本		
毛利		
销售和管理费用		
营业利润		
所得税		
税后利润		

链接"销售预算"、"销售成本预算"、"销售和管理费用预算"、"资料"等工作表中的对应数据。

11. 编制现金预算

将 sheet12 重新命名为"现金预算",建立如下表格,完成下列表格的计算。

傲东电器有限公司　现金预算　20×3年				
期初现金余额				
本期现金收入				
应收账款期初余额				
本期销售收入				
应收账款期末余额				
本期现金收入小计				
可供本期利用的现金				
本期现金支出				
直接材料				
应付账款期初余额				
本期直接材料采购成本				
应付账款期末余额				
直接材料支出现金小计				
直接人工				
制造费用				
销售和管理费用				
所得税				
应付税金期初余额				
本期应交税金				
应交税金期末余额				
应交税金支出现金小计				
现金支出合计				
现金期末余额				

链接"资产负债表"、"销售预算"、"采购预算"、"人工预算"、"制造费用预算"、"销售与管理费用预算"、"预计损益表预算"、"资料"等工作表中的对应数据。

12. 编制资产负债表

将 sheet13 重新命名为"预计资产负债表",建立如下表格,完成下列表格的计算。

傲东电器有限公司								
预计资产负债表								
20×3.12.31								
资产				金额	附注	负债	金额	附注
现金						应付账款(直接材料款)		
应收账款						应交所得税		
直接材料						负债合计		
101								
102								
产成品								
甲产品						权益资本		
乙产品						股本		
固定资产						保留盈余		
累计折旧						权益合计		
资产合计						负债和权益合计		

链接现金预算、期末存货预算、资产负债表、制造费用预算、销售和管理费用预算等工作表中的对应数据。

任务 5
筹 资 管 理

 **【综合练习题】**

一、单项选择题

1. 根据财务管理理论,按企业所取得资金的权益特性不同,可将筹资分为( )。

A. 直接筹资和间接筹资

B. 内部筹资和外部筹资

C. 股权性筹资、债权性筹资和衍生工具筹资

D. 短期筹资和长期筹资

2. 衍生工具筹资包括兼具股权与债务特性的混合融资和其他衍生工具融资,下列属于混合融资的衍生金融工具筹资方式的为( )。

A. 可转换债券融资

B. 认股权证融资

C. 可转换优先股融资

D. 商业信用融资

3. 相对于债务筹资方式而言,采用吸收直接投资方式筹资的优点是( )。

A. 有利于降低资本成本

B. 有利于集中企业控制权

C. 有利于降低财务风险

D. 有利于发挥财务杠杆作用

4. 如果某上市公司最近两个会计年度的审计结果显示的净利润为负值,则该上市公司就会被(　　)。

A. 暂停上市

B. 终止上市

C. 特别处理

D. 取消上市资格

5. 下列各项中,不属于融资租赁特点的是(　　)。

A. 能迅速获得所需资产

B. 财务风险小,财务优势明显

C. 限制条件较少

D. 资本成本较低

6. 相对于发行债券和利用银行借款购买设备而言,通过融资租赁方式取得设备的主要缺点是(　　)。

A. 限制条款多

B. 筹资速度慢

C. 资本成本高

D. 财务风险大

7. 长期借款筹资与长期债券筹资相比,其特点是(　　)。

A. 利息能节税

B. 筹资弹性大

C. 筹资费用大

D. 债务利息高

8. 以债务人或第三人将其动产或财产权利移交债权人占有,将该动产或财产权利作为债权取得担保的贷款为(　　)。

A. 信用贷款

B. 保证贷款

C. 抵押贷款

D. 质押贷款

9. 一般而言,与融资租赁筹资相比,发行债券的优点是( )。

A. 财务风险较小

B. 限制条件较少

C. 资本成本较低

D. 融资速度较快

10. 出租人既出租某项资产,又以该项资产为担保借入资金的租赁方式是( )。

A. 直接租赁

B. 售后回租

C. 杠杆租赁

D. 经营租赁

11. 下列各项中,不属于融资租赁租金构成项目的是( )。

A. 租赁设备的价款

B. 租赁期间利息

C. 租赁手续费

D. 租赁设备维护费

12. 企业向租赁公司租入一台设备,价值 500 万元,合同约定租赁期满时残值 5 万元归承租人所有,租期为 5 年,租费综合费率为 12%,若采用先付租金的方式,则平均每年支付的租金为( )万元。[$(P/A, 12\%, 4)=3.0373$,$(P/A, 12\%, 5)=3.6048$]

A. 123.8

B. 138.7

C. 123.14

D. 108.6

13. 企业向租赁公司租入一台设备,价值 500 万元,合同约定租赁期满时残值 5 万元归租赁公司所有,租期为 5 年,租费综合费率为 12%,若采用先付租金的方式,则平均每年支付的租金为( )万元。[$(P/A,12\%,4)=3.0373$, $(P/A,12\%,5)=3.6048$, $(P/F,12\%,5)=0.5674$]

    A. 123.8

    B. 138.7

    C. 123.14

    D. 108.6

14. 甲企业上年度资产平均占用额为 5 000 万元,经分析,其中不合理部分 700 万元,预计本年度销售增长 8%,资金周转加速 3%。则预测年度资金需要量为( )万元。

    A. 4 834.98

    B. 4 504.68

    C. 4 327.96

    D. 3 983.69

15. 下列成本费用中属于资本成本中的用资费用的是( )。

    A. 借款手续费

    B. 股票发行费

    C. 借款手续费

    D. 股利

16. 某公司发行总面额 1 000 万元,票面利率为 10%,偿还期限 4 年,发行费率 4%,所得税税率为 25% 的债券,该债券发行价 980 万元,按年支付利息,则采用贴现模式债券资本成本为( )。[$(P/A,9\%,4)=3.2397$, $(P/F,9\%,4)=0.7084$, $(P/A,10\%,4)=3.1699$, $(P/F,9\%,4)=0.6830$]

    A. 8%

    B. 9%

    C. 9.34%

    D. 9.97%

17. 某公司发行总面额为 500 万元的 10 年期债券,票面利率 12%,发行费用率为 5%,公司所得税税率为 25%。该债券采用溢价发行,发行价格为

600万元,若采用一般模式该债券的资本成本为(　　)。

A. 8.46%

B. 7.89%

C. 10.24%

D. 9.38%

18. 某公司普通股目前的股价为25元/股,筹资费率为6%,刚刚支付的每股股利为2元,股利固定增长率2%,则该企业利用留存收益的资本成本为(　　)。

A. 10.16%

B. 10.68%

C. 8%

D. 10%

19. 已知某公司股票的β系数为0.5,短期国债收益率为6%,市场平均报酬率为10%,则该公司股票的资本成本为(　　)。

A. 6%

B. 8%

C. 10%

D. 16%

20. 在不考虑筹款限制的前提下,下列筹资方式中个别资本成本最高的通常是(　　)。

A. 发行普通股

B. 留存收益筹资

C. 长期借款筹资

D. 发行公司债券

21. 在下列各项中,不能用于平均资本成本计算的是(　　)。

A. 市场价值权数

B. 目标价值权数

C. 账面价值权数

D. 边际价值权数

22. 假定某企业的权益资本与负债资本的比例为 60∶40,据此可断定该企业(　　)。

    A. 只存在经营风险

    B. 经营风险大于财务风险

    C. 经营风险小于财务风险

    D. 同时存在经营风险和财务风险

23. 下列各项中,不影响经营杠杆系数的是(　　)。

    A. 产品销售数量

    B. 产品销售价格

    C. 固定成本

    D. 利息费用

24. 某企业没有优先股,当财务杠杆系数为 1 时,下列表述正确的是(　　)。

    A. 息税前利润增长率为零

    B. 息税前利润为零

    C. 利息为零

    D. 固定成本为零

25. 如果企业的资本来源全部为自有资本,且没有优先股存在,则企业财务杠杆系数(　　)。

    A. 等于 0

    B. 等于 1

    C. 大于 1

    D. 小于 1

26. 某企业某年的财务杠杆系数为 2.5,息税前利润(EBIT)的计划增长率为 10%,假定其他因素不变,则该年普通股每股收益(EPS)的增长率为(　　)。

    A. 4%

B. 5%

C. 20%

D. 25%

27. 如果企业一定期间内的固定性经营成本和固定性资本成本均不为零,则由上述因素共同作用而导致的杠杆效应属于(   )。

A. 经营杠杆效应

B. 财务杠杆效应

C. 总杠杆效应

D. 风险杠杆效应

28. 下列各项中,运用普通股每股收益(每股收益)无差别点确定最佳资本结构时,需计算的指标是(   )。

A. 息税前利润

B. 营业利润

C. 净利润

D. 利润总额

29. 采用销售百分比法预测资金需要量时,下列项目中被视为不随销售收入的变动而变动的是(   )。

A. 现金

B. 应付账款

C. 存货

D. 公司债券

30. 与"发行普通股"筹资方式相比,下列各项中属于"吸收直接投资"的缺点的有(   )。

A. 限制条件多

B. 财务风险大

C. 控制权分散

D. 资本成本高

二、多项选择题

1. 下列属于直接筹资方式的有(　　)。

A. 发行股票

B. 发行债券

C. 吸收直接投资

D. 融资租赁

2. 下列属于筹资管理应遵循的原则的有(　　)。

A. 合法筹措资金

B. 合理预测资金需要量

C. 适时取得资金

D. 优化资本结构

3. 在下列哪种资本金缴纳期限的规定下,企业成立时的实收资本与注册资本可能不相一致(　　)。

A. 实收资本制

B. 授权资本制

C. 折中资本制

D. 股本制

4. 与负债筹资相比,股票筹资的特点是(　　)。

A. 财务风险大

B. 资本成本高

C. 信息沟通与披露成本较大

D. 分散控制权

5. 下列各项中,属于"留存收益"区别于"发行普通股"筹资方式的特点有(　　)。

A. 筹资数额有限

B. 财务风险大

C. 不会分散控制权

D. 资金成本高

6. 相对于股权融资而言,长期银行借款筹资的优点有(   )。

A. 筹资风险小

B. 筹资速度快

C. 资本成本低

D. 筹资数额大

7. 吸收直接投资的种类包括(   )。

A. 吸收国家投资

B. 吸收法人投资

C. 吸收外商直接投资

D. 吸收社会公众投资

8. 下列属于吸收国家投资的方式的特点有(   )。

A. 产权归属国家

B. 资金的运用和处置受国家约束较大

C. 在国有公司中采用比较广泛

D. 以参与公司利润分配为目的

9. 相对于普通股股东而言,优先股股东可以优先行使的权利有(   )。

A. 优先认股权

B. 优先表决权

C. 优先分配股利权

D. 优先分配剩余财产权

10. 股票上市对公司的益处(   )。

A. 提高公司知名度

B. 增加公司的控制权

C. 信息披露成本低

D. 促进股权流通和转让

11. 上市公司出现财务状况或其他状况异常的,其股票交易将被交易所"特别处理",在上市公司的股票交易被实行特别处理期间,其股票交易遵循下列哪些规则(　　)。

    A. 股票报价日涨跌幅限制为 5%

    B. 股票名称改为原股票名前加"ST"

    C. 上市公司的中期报告必须经过审计

    D. 股票暂停上市

12. 上市公司的股票发行采用非公开发行相比公开发行的优点有(　　)。

    A. 发行范围广,发行对象多

    B. 发行成本低

    C. 有利于引入战略投资者和机构投资者

    D. 有利于提高公司的知名度

13. 留存收益的途径包括(　　)。

    A. 盈余公积金

    B. 资本公积金

    C. 未分配利润

    D. 股本

14. 下列不属于到期偿还的方式有(　　)。

    A. 提前赎回债券

    B. 分批偿还债券

    C. 一次偿还债券

    D. 展期偿还债券

15. 融资租赁相比较经营租赁的特点有(　　)。

    A. 租赁期较长

    B. 不得任意中止租赁合同或契约

    C. 租金较高

    D. 出租方提供设备维修和保养

16. 影响融资租赁每期租金的因素是(　　)。

    A. 设备买价

B. 利息

C. 租赁手续费

D. 租赁支付方式

17. 下列哪些因素会影响资本成本（   ）。

A. 总体经济环境

B. 资本市场条件

C. 企业经营状况和融资状况

D. 企业对筹资规模和时限的需求

18. 以下事项中,会导致公司资本成本降低的有（   ）。

A. 因总体经济环境变化,导致无风险报酬率降低

B. 企业经营风险高,财务风险大

C. 公司股票上市交易,改善了股票的市场流动性

D. 企业一次性需要筹集的资金规模大、占用资金时限长

19. 在计算下列各项资本的资本成本时,需要考虑筹资费用的有（   ）。

A. 普通股

B. 债券

C. 长期借款

D. 留存收益

20. 在计算个别资本成本时,需要考虑所得税抵减作用的筹资方式有（   ）。

A. 银行借款

B. 长期债券

C. 优先股

D. 普通股

21. 若不存在优先股,下列各项中,影响财务杠杆系数的因素有（   ）。

A. 产品边际贡献总额

B. 所得税税率

C. 固定成本

D. 财务费用

22. 在边际贡献大于固定成本的情况下,下列措施中有利于降低企业整体风险的有( )。

A. 增加产品销量

B. 提高产品单价

C. 提高资产负债率

D. 节约固定成本支出

23. 根据现有资本结构理论,下列各项中,属于影响资本结构决策因素的有( )。

A. 企业资产结构

B. 企业财务状况

C. 企业产品销售状况

D. 企业技术人员学历结构

24. 下列各项中,可用于确定企业最优资本结构的方法有( )。

A. 高低点法

B. 公司价值分析法

C. 平均资本成本法

D. 每股收益分析法

三、判断题

1. 发行优先股的上市公司如不能按规定支付优先股股利,优先股股东有权要求公司破产。 ( )

2. 向原有股东配售股票的方式属于定向募集增发。 ( )

3. 按证监会规则解释,作为战略投资者应该是与发行人具有合作关系或有合作意向和潜力,与发行公司业务联系紧密且欲长期持有发行公司股票的法人或非法人机构。 ( )

4. 从承租人的角度来看,杠杆租赁与售后租回或直接租赁并无区别。( )

5. 企业按照销售百分比法预测出来的资金需要量,是企业在未来一定时期资金需要量的增量。   （   ）

6. 资本成本是投资人对投入资金所要求的最低收益率,不可作为评价投资项目是否可行的主要标准。   （   ）

7. 经营杠杆能够扩大市场和生产等因素变化对利润变动的影响。 （   ）

8. 在其他因素不变的情况下,固定成本越小,经营杠杆系数也就越小,而经营风险则越大。   （   ）

9. 无论是经营杠杆系数变大,还是财务杠杆系数变大,都可能导致企业的总杠杆系数变大。   （   ）

10. 最佳资本结构是使企业筹资能力最强、财务风险最小的资本结构。
                                                            （   ）

四、计算分析题

1. 某企业于 2009 年 1 月 1 日从租赁公司租入一套设备,价值为 2 000 000 元,租期 5 年,租赁期满时预计残值 100 000 元,归租赁公司。年利率 7%,租赁手续费率每年 3%。租金每年年末支付一次。要求:

（1）计算每年应支付的租金为多少?

（2）编制租金摊销计划表。

年份	期初本金	支付租金	应计租费	本金额偿还额	本金余额
2009					
2010					
2011					
2012					
2013					
合计					

2. 某企业 20×3 年 12 月 31 日的资产负债表(简表)如下:

资产负债表(简表)

20×3 年 12 月 31 日   单位:万元

资　产	期末数	负债及所有者权益	期末数
货币资金	300	应付账款	300
应收账款净额	900	应付票据	600
存　货	1 800	长期借款	2 700
固定资产净值	2 100	实收资本	1 200
无形资产	300	留存收益	600
资产总计	5 400	负债及所有者权益总计	5 400

该企业 20×3 年的主营业务收入净额为 6 000 万元,主营业务净利率为 10%,净利润的 50% 分配给投资者。预计 20×8 年主营业务收入净额比上年增长 25%,为此需要增加固定资产 200 万元,增加无形资产 100 万元,根据有关情况分析,企业流动资产项目和流动负债项目将随主营业务收入同比例增减。

假定该企业 20×4 年的主营业务净利率和利润分配政策与上年保持一致,该年度长期借款不发生变化;20×4 年年末固定资产净值和无形资产合计为 2 700 万元。20×4 年企业需要增加对外筹集的资金由投资者增加投入解决。要求:

(1) 计算 20×4 年需要增加的营运资金额。

(2) 预测 20×4 年需要增加对外筹集的资金额(不考虑计提法定盈余公积的因素;以前年度的留存收益均已有指定用途)。

3. ABC公司正在着手编制明年的财务计划,公司财务主管请你协助计算其平均资本成本。有关信息如下:

(1) 公司银行借款利率当前是9%,明年将下降为8.93%;

(2) 公司债券面值为1元,票面利率为8%,期限为10年,分期付息,当前市价为0.85元;如果按公司债券当前市价发行新的债券,发行成本为市价的4%;

(3) 公司普通股面值为1元,当前每股市价为5.5元,本年派发现金股利0.35元,预计股利增长率维持7%;

(4) 公司当前(本年)的资本结构为:

银行借款	150万元
长期债券	650万元
普通股	400万元
留存收益	869.4万元

(5) 公司所得税税率为25%;

(6) 公司普通股的β值为1.1;

(7) 当前国债的收益率为5.5%,市场平均报酬率为13.5%。

要求:

(1) 按照一般模式计算银行借款资本成本。

(2) 按照一般模式计算债券的资本成本。

(3) 分别使用股利增长模型法和资本资产定价模型法计算股票资本成本,并将两种结果的平均值作为股票资本成本。

(4) 如果明年不改变资本结构,计算其平均资本成本。(计算时个别资本成本百分数保留2位小数)

4. 某公司目前的净利润为 750 万元,所得税率为 25%,利息 200 万元,固定生产经营成本为 300 万元。

(1) 计算三个杠杆系数;

(2) 预计销量上涨 10%,每股收益增长多少?

5. A 公司目前资本结构为:总资本 3 500 万元,其中债务资本 1 400 万元(年利息 140 万元);普通股资本 210 万元(210 万股,面值 1 元,市价 5 元),资本公积 1 000 万元,留存收益 890 万元。企业由于扩大经营规模,需要追加筹资 2 800 万元,所得税税率 25%,不考虑筹资费用因素。有两种筹资方案:

甲方案:增发普通股 400 万股,每股发行价 6 元;同时向银行借款 400 万元,利率保持原来的 10%。

乙方案:不增发普通股,溢价发行 2 500 万元面值为 2 300 万元的公司债券,票面利率 15%;由于受债券发行数额的限制,需要补充向银行借款 300 万元,利率 10%。要求:

(1) 计算甲方案与乙方案的每股收益无差别点息税前利润。

(2) 若企业预计的息税前利润为 600 万时,应如何筹资?

(3) 若企业预计的息税前利润为 800 万时,应如何筹资?

6. 某公司目前拥有资金 2 000 万元,其中,长期借款 800 万元,年利率 10%;普通股 1 200 万元,上年支付的每股股利 2 元,预计股利增长率为 5%,发行价格 20 元,目前价格也为 20 元,该公司计划筹集资金 100 万元,企业所得税率为 25%,有两种筹资方案:

方案 1:增加长期借款 100 万元,借款利率上升到 12%,股价下降到 18 元,假设公司其他条件不变。

方案 2:增发普通股 40 000 股,普通股市价增加到每股 25 元,假设公司其他条件不变。

要求:根据以上资料

(1) 计算该公司筹资前加权平均资金成本;

(2) 计算采用方案 1 的加权平均资金成本;

(3) 计算采用方案 2 的加权平均资金成本;

(4) 用比较资金成本法确定该公司最佳的资本结构。

7. 公司息税前利润为 600 万元,公司适用的所得税税率为 25%,公司目前总资本为 2 000 万元,其中 80% 由普通股资本构成,股票账面价值为 1 600 万元,20% 由债券资本构成,债券账面价值为 400 万元,假设债券市场价值与其账面价值基本一致。该公司认为目前的资本结构不够合理,准备用发行债券购回股票的办法予以调整。经咨询调查,目前债务利息率和权益资本的成本率情况见表 1。

表 1　债务利息率与权益资本成本率

债券市场价值(万元)	债券利息率(%)	股票的系数	无风险报酬率	证券市场平均报酬率	权益资本成本
400	8%	1.3	6%	16%	
600	10%	1.35	6%	16%	
800	12%	1.5	6%	16%	
1 000	14%	2	6%	16%	

要求:

(1) 计算表 1 中权益资本成本;

(2) 完成表 2 的计算。

表 2　加权资本成本计算

债券市场价值(万元)	股票市场价值(万元)	公司市场总价值	债券资金比重	股票资金比重	债券资金成本	权益资金成本	加权平均资金成本
400							
600							
800							
1 000							

(3) 根据表 2 的计算结果,确定该公司最优资本结构。

任务 6
投 资 管 理

【综合练习题】

一、单项选择题

1. 将企业投资区分为固定资产投资、流动资金投资、期货与期权投资等类型所依据的分类标志是(　　)。

A. 投入行为的介入程度

B. 投入的领域

C. 投资的方向

D. 投资的内容

2. 下列各项中,各类项目投资都会发生的现金流出是(　　)。

A. 建设投资

B. 固定资产投资

C. 无形资产投资

D. 流动资金投资

3. 项目投资决策中,完整的项目计算期是指(　　)。

A. 建设期

B. 运营期

C. 建设期+达产期

D. 建设期+运营期

4. 在财务管理中,将企业为使项目完全达到设计生产能力、开展正常经营而投入的全部现实资金称为(　　)。

　　A. 投资总额

　　B. 现金流量

　　C. 建设投资

　　D. 原始总投资

5. 某企业拟建的生产线项目,需要在建设期内投入形成固定资产的费用 1 200 万元;支付 355 万元购买一项专利权,支付 55 万元购买一项非专利技术;投入开办费 20 万元,基本预备费率为 2%,不考虑价格上涨不可预见费,建设期资本化利息为 120 万元,则该项目的建设投资为(　　)万元。

　　A. 1 610

　　B. 1 630

　　C. 1 662.6

　　D. 1 782.6

6. 已知某完整工业投资项目预计投产第一年的流动资产需用数 100 万元,流动负债可用数为 40 万元;投产第二年的流动资产需用数为 190 万元,流动负债可用数为 100 万元。则投产第二年新增的流动资金额应为(　　)万元。

　　A. 150

　　B. 90

　　C. 60

　　D. 30

7. 某投资项目运营期某年的总成本费用(不含财务费用)为 1 100 万元,其中:外购原材料、燃料和动力费估算额为 500 万元,工资及福利费的估算额为 300 万元,固定资产折旧额为 200 万元,其他费用为 100 万元。据此计算的该项目当年的经营成本估算额为(　　)万元。

　　A. 1 000

B. 900

C. 800

D. 300

8. 已知某完整工业投资项目的固定资产投资为2 000万元,无形资产投资为200万元,开办费投资为100万元。预计投产后第二年的总成本费用为1 000万元,同年的折旧额为200万元、无形资产摊销额为40万元,计入财务费用的利息支出为60万元,则投产后第二年用于计算净现金流量的经营成本为( )万元。

A. 1 300

B. 760

C. 700

D. 300

9. 下列各项中,不属于投资项目现金流出量内容的是( )。

A. 固定资产投资

B. 折旧与摊销

C. 无形资产投资

D. 新增经营成本

10. 企业拟投资一个完整工业项目,预计第一年和第二年相关的流动资产需用额分别为2 000万元和3 000万元,两年相关的流动负债需用额分别为1 000万元和1 500万元,则终结点回收的流动资金额应为( )万元。

A. 2 000

B. 1 500

C. 1 000

D. 500

11. 某投资项目原始投资额为100万元,使用寿命10年,已知该项目第10年的经营净现金流量为25万元,期满处置固定资产残值收入及回收流动资金共8万元,则该投资项目第10年的净现金流量为( )万元。

A. 8

B. 25

C. 33

D. 43

12. 在下列评价指标中,属于非折现正指标的是(　　)。

A. 静态投资回收期

B. 总投资收益率

C. 内部收益率

D. 净现值

13. 某企业计划投资购买一台设备,设备价值为 35 万元,使用寿命 5 年,直线法计提折旧,期末无残值,使用该设备每年给企业带来销售收入 38 万元,经营成本 10 万元,财务费用的利息为 10 万元,营业税金及附加 5 万元,若企业适用的所得税税率为 30%,则该项目运营期的所得税后现金净流量为(　　)。

A. 18.2

B. 21.2

C. 23

D. 16.8

14. 下列各项中,不属于静态投资回收期优点的是(　　)。

A. 计算简便

B. 便于理解

C. 直观反映返本期限

D. 正确反映项目总回报

15. 已知某投资项目的原始投资额为 500 万元,建设期为 2 年,投产后第 1—5 年每年 NCF 为 90 万元,第 6 至 10 年每年 NCF 为 80 万元。则该项目包括建设期的静态投资回收期为(　　)。

A. 6.375 年

B. 8.375 年

C. 5.625 年

D. 7.625 年

16. 包括建设期的静态投资回收期是（　　）。

A. 净现值为零的年限

B. 净现金流量为零的年限

C. 累计净现值为零的年限

D. 累计净现金流量为零的年限

17. 下列投资项目评价指标中，不受建设期长短、投资回收时间先后及现金流量大小影响的评价指标是（　　）。

A. 投资回收期

B. 投资收益率

C. 净现值率

D. 内部收益率

18. 若某投资项目的建设期为零，则直接利用年金现值系数计算该项目内部收益率指标所要求的前提条件是（　　）。

A. 投产后净现金流量为普通年金形式

B. 投产后净现金流量为递延年金形式

C. 投产后各年的净现金流量不相等

D. 在建设起点没有发生任何投资

19. 下列属于内部收益率法的缺点的是（　　）。

A. 没有考虑了资金时间价值

B. 没有考虑项目计算期的全部净现金流量

C. 指标受基准收益率高低的影响

D. 有可能导致多个内部收益率的出现

20. 下列各项中，不会对投资项目内部收益率指标产生影响的因素是（　　）。

A. 原始投资

B. 现金流量

C. 项目计算期

D. 设定折现率

21. 已知某投资项目按 14% 折现率计算的净现值大于零,按 16% 折现率计算的净现值小于零,则该项目的内部收益率肯定（　　）。

  A. 大于 14%,小于 16%

  B. 小于 14%

  C. 等于 15%

  D. 大于 16%

22. 丁公司拟投资 8 000 万元,经测算,该项投资的经营期为 4 年,每年年末的现金净流量均为 3 000 万元,则该投资项目的内含报酬率为（　　）。[已知 $(P/A, 17\%, 4) = 2.743\,2$, $(P/A, 20\%, 4) = 2.588\,7$]

  A. 17.47%

  B. 18.49%

  C. 19.53%

  D. 19.88%

23. 某投资方案,当贴现率为 16% 时,其净现值为 338 元,当贴现率为 18% 时,其净现值为 −22 元。该方案的内含报酬率为（　　）。

  A. 15.88%

  B. 16.12%

  C. 17.88%

  D. 18.14%

24. 如果某投资项目的相关评价指标满足以下关系:$NPV > 0$, $NPVR > 0$, $IRR > i_c$, $PP > n/2$,则可以得出的结论是（　　）。

  A. 该项目基本具备财务可行性

  B. 该项目完全具备财务可行性

  C. 该项目基本不具备财务可行性

  D. 该项目完全不具备财务可行性

25. 不管其他投资方案是否被采纳和实施,其收入和成本都不因此受到影响的投资与其他投资项目彼此间是(　　　)。

　　A. 互斥投资

　　B. 独立投资

　　C. 互补投资

　　D. 互不相容投资

26. 在下列方法中,不能直接用于项目计算期不相同的多个互斥方案比较决策的方法是(　　　)。

　　A. 净现值法

　　B. 方案重复法

　　C. 年等额净回收额法

　　D. 最短计算期法

27. 某投资项目的项目计算期为 5 年,净现值为 10 000 万元,行业基准折现率 10%,5 年期、折现率为 10% 的年金现值系数为 3.791,则该项目的年等额净回收额约为(　　　)万元。

　　A. 2 000

　　B. 2 638

　　C. 37 910

　　D. 50 000

28. 某企业拟进行一项固定资产投资项目决策,设定折现率为 12%,有四个方案可供选择。其中甲方案的项目计算期为 10 年,净现值为 1 000 万元,$(A/P, 12\%, 10) = 0.177$;乙方案的净现值率为 -15%;丙方案的项目计算期为 11 年,其年等额净回收额为 150 万元;丁方案的内部收益率为 10%。最优的投资方案是(　　　)。

　　A. 甲方案

　　B. 乙方案

　　C. 丙方案

　　D. 丁方案

二、多项选择题

1. 购买股票的行为,属于什么类型的投资(　　)。

A. 直接投资

B. 间接投资

C. 对外投资

D. 对内投资

2. 某企业拟投资新建一个项目,在建设起点开始投资,历经 1 年后投产,试产期为 1 年,主要固定资产的预计使用寿命为 8 年,则下列表述正确的有(　　)。

A. 建设期为 1 年

B. 运营期为 8 年

C. 达产期为 7 年

D. 项目计算期为 9 年

3. 以下各项中,可以构成建设投资内容的有(　　)。

A. 固定资产投资

B. 无形资产投资

C. 流动资金投资

D. 开办费投资

4. 下列属于投入类财务可行性要素的有(　　)。

A. 原始投资

B. 经营成本

C. 营业收入

D. 运营期相关税金

5. 下列有关投资收益率指标的表述正确的是(　　)。

A. 没有考虑时间价值

B. 分子分母口径不一致

C. 没有利用净现金流量

D. 指标的分母原始投资中不考虑资本化利息

6. 下列各项中,可用于计算单一方案净现值指标的方法有( )。

A. 公式法

B. 方案重复法

C. 插入函数法

D. 逐次测试法

7. 净现值法的优点有( )。

A. 考虑了资金时间价值

B. 考虑了项目计算期的全部净现金流量

C. 考虑了投资风险

D. 可从动态上反映项目的实际投资收益率

8. 在项目计算期不同的情况下,能够应用于多个互斥投资方案比较决策的方法有( )。

A. 差额投资内部收益率法

B. 年等额净回收额法

C. 最短计算期法

D. 方案重复法

三、判断题

1. 企业进行的对外股权性投资应属于间接投资。   (   )

2. 投资项目的经营成本不应该包括运营期间固定资产折旧费、无形资产摊销费和财务费用。   (   )

3. 在项目投资决策中,净现金流量是指经营期内每年现金流入量与同年现金流出量之间的差额所形成的序列指标。   (   )

4. 投资项目的所得税前净现金流量不受融资方案和所得税政策变化的影响,它是全面反映投资项目本身财务盈利能力的基础数据。   (   )

5. 不考虑时间价值的前提下,投资回收期越短,投资获利能力越强。（　　）

6. 在投资项目决策中,只要投资方案的投资收益率大于零,该方案就是可行方案。（　　）

7. 使得某方案的净现值大于 0 的折现率,一定小于该方案的内部收益率。（　　）

8. 在评价投资项目的财务可行性时,如果静态投资回收期或总投资收益率的评价结论与净现值指标的评价结论发生矛盾,应当以净现值指标的结论为准。（　　）

9. 在应用差额投资内部收益率法对固定资产更新改造投资项目进行决策时,如果差额内部收益率小于行业基准折现率或资金成本率,就不应当进行更新改造。（　　）

四、计算分析题

1. A 企业有关资料如下:

资料 1：A 企业新建项目所需要的国内标准设备的不含增值税出厂价为 3 000 万元,增值税率为 17%,国内运杂费率为 1%;进口设备的离岸价为 230 万美元,国际运费率为 5%,国际运输保险费率为 4%,关税税率为 15%,增值税率为 17%,国内运杂费率为 1%,外汇牌价为 1 美元=7.60 元人民币。A 企业新建项目所在行业的标准工具、器具和生产经营用家具购置费率为狭义设备购置费的 10%,假设不考虑其他费用,以上固定资产投资需要在建设起点一次投入。此外,需要在建设起点一次投入无形资产投资 25 万元。

资料 2：该项目建设期 2 年,经营期 5 年,残值率为 10%,无形资产自投产年份起分 5 年摊销完毕。

资料 3：投产第一年预计流动资产需用额 60 万元,流动负债需用额 40 万元;投产第二年预计流动资产需用额 90 万元,流动负债需用额 30 万元。

资料 4：该项目投产后,预计每年营业收入 2 100 万元,每年预计外购原材料、燃料和动力费 500 万元，工资福利费 200 万元，其他费用 100 万元。企业应交的增值税为 834.36 万元，城建税税率 7%，教育费附加率 3%。该企业不交纳营业税和消费税，不存在财务费用。

该企业按直线法折旧，全部流动资金于终结点一次回收，所得税税率 25%。

要求：

（1）固定资产投资总额；

（2）计算流动资金投资总额和原始投资额；

（3）计算投产后各年的经营成本；

（4）投产后各年不包括财务费用的总成本；

（5）投产后各年的营业税金及附加；

（6）投产后各年的息税前利润；

（7）计算该项目各年所得税前净现金流量；

（8）计算该项目各年所得税后净现金流量。

2. B公司是一家生产电子产品的制造类企业,采用直线法计提折旧,适用的企业所得税税率为25%。在公司最近一次经营战略分析会上,多数管理人员认为,现有设备效率不高,影响了企业市场竞争力。公司准备配置新设备扩大生产规模,推定结构转型,生产新一代电子产品。

(1) 公司配置新设备后,预计每年营业收入扣除营业税金及附加后的差额为5 100万元,预计每年的相关费用如下:外购原材料、燃料和动力费为1 800万元,工资及福利费为1 600万元,其他费用为200万元,财务费用为零。市场上该设备的购买价(即非含税价格,按现行增值税法规定,增值税进项税额不计入固定资产原值,可以全部抵扣)为4 000万元,折旧年限为5年,预计净残值为零。新设备当年投产时需要追加流动资金投资2 000万元。

(2) 公司为筹资项目投资所需资金,拟定向增发普通股300万股,每股发行价12元,筹资3 600万元,公司最近一年发放的股利为每股0.8元,固定股利增长率为5%;拟从银行贷款2 400万元,年利率为6%,期限为5年。假定不考虑筹资费用率的影响。

(3) 假设基准折现率为9%,部分时间价值系数如下表所示。

复利现值及年金现值系数表

N	1	2	3	4	5
$(P/F, 9\%, n)$	0.917 4	0.841 7	0.772 2	0.708 4	0.649 9
$(P/A, 9\%, n)$	0.917 4	1.759 1	2.531 3	3.239 7	3.889 7

要求:

(1) 根据上述资料,计算下列指标:

① 使用新设备每年折旧额和1—5年每年的经营成本;

② 运营期1—5年每年息税前利润和总投资收益率;

③ 普通股资本成本、银行借款资本成本和新增筹资的边际资本成本;

④ 建设期净现金流量(NCF_0),运营期所得税后净现金流量(NCF_{1-4}和NCF_5)及该项目净现值。

(2) 运用净现值法进行项目投资决策并说明理由。

3. 某企业计划用新设备替换现有旧设备。旧设备预计还可使用 5 年,旧设备账面折余价值为 70 000 元,目前变价收入 60 000 元。新设备投资额为 150 000 元,预计使用 5 年。至第 5 年年末,新设备的预计残值为 10 000 元。旧设备的预计残值为 5 000 元。预计使用新设备可使企业在第 1 年增加营业收入 11 074.63 元,第 2—4 年内每年增加营业收入 16 000 元,第 5 年增加营业收入 15 253.73 元,使用新设备可使企业每年降低经营成本 8 000 元。该企业按直线法计提折旧,所得税税率 25%。要求:

(1) 计算使用新设备比使用旧设备增加的投资额;

(2) 计算因旧设备提前报废发生的处理固定资产净损失抵税;

(3) 计算使用新设备比使用旧设备每年增加的息税前利润;

(4) 计算使用新设备比使用旧设备每年增加的净现金流量;

(5) 计算该方案的差额投资内部收益率;

(6) 若行业基准折现率为 10%,确定应否用新设备替换现有旧设备。

4. 某企业急需一台不需要安装的设备,设备投入使用后,每年可增加营业收入 45 000 元,增加经营成本 25 600 元,增加的营业税金及附加为 5 000 元。市场上该设备的购买价为 64 500 元,折旧年限为 10 年,预计净残值为 4 500 元。若从租赁公司按经营租赁的方式租入同样的设备,只需每年支付 9 000 元租金,可连续租用 10 年。假定基准折现率为 10%,适用的企业所得税税率为 25%。

期限	复利现值系数		年金现值系数	
	5%	6%	5%	6%
9	0.644 6	0.591 9	7.107 8	6.801 7
10	0.613 9	0.558 4	7.721 7	7.360 1

要求:

(1) 计算购买设备的各年税后净现金流量;

(2) 经营租赁固定资产的各年税后净现金流量;

(3) 按差额投资内部收益率法作出购买或经营租赁固定资产的决策。

【课程阶段实训】 项目投资财务评价

一、实训教学目的

1. 应会：根据资料正确编制全部资金现金流量估算表,在此基础上运用 Excel 函数计算财务评价指标并作评价。

2. 熟悉：现金流量、净现金流量、平均投资利润率、全部投资回收期、现值、净现值、现值指数、内含报酬率概念和计算公式。

3. 情感态度：感悟货币时间价值、风险与收益等市场经济观念,投资省、效益高的价值取向。

二、实训条件准备

1. 机房：满足一人一机,且保证每台计算机中安装 Excel 软件,并能正常使用。

2. 学生：实训前完成项目投资财务评价实训指导书预习。

三、实训成绩考核方式与标准

本次实训总分计为 100 分,具体评定细则为：

1. 遵守实训纪律,学习积极主动(10 分),现场考勤与考查结合。

2. 会 Excel 软件的基本操作(20 分),现场逐人考查基本操作活动。

3. 能正确编制现金流量估算表,能建立各种项目评价指标的模型,电子表格设计合理,正确运算,结果正确(50 分)。

4. 能熟练运用所建项目评价模型(20 分),现场逐人考查基本操作活动。

四、实训内容

1. 项目现金流量估计。

2. 净现值、现值指数、内含收益率等动态评价指标模型的建立;投资回收期、会计收益率等静态指标的计算。

3. 根据计算结果进行项目决策分析。

五、实训方法与步骤

建立 Excel 工作簿,将其命名为"项目投资财务评价"。

1. 项目现金流量估计

【资料 1】 正大公司投资一套设备,投资额 12 000 元,使用寿命 5 年,残值 5%,需垫付流动资金 3 000 元。每年营业现金收入 8 000 元,第一年付现成本 3 000 元,年修理费用递增 400 元,所得税税率 25%。在不同折旧方法下估计项目现金流量:(1)平均年限法;(2)双倍余额折旧法;(3)年数总和法。

方法一:打开"项目投资财务评价"工作簿,将 sheet1 重新命名为"现金流量估计"。在"现金流量估计"工作表中,合并 A1:H1 单元格,输入"平均年限法下现金流量的估计",在单元格 A2:H16 区域输入下表内容:

构成	项目	0	1	2	3	4	5
初始现金流量	投资额	−12 000					
	垫付流动资金	−3 000					
	初始现金流量小计	=C3+C4					

构成	项目	0	1	2	3	4	5
营业现金流量	年营业收入		8 000.00	8 000.00	8 000.00	8 000.00	8 000.00
	付现成本		3 000.00	＝D7+400	＝E7+400	＝F7+400	＝G7+400
	折旧		在D8：H8单元格，输入"＝SLN(12 000，12 000＊5％，5)"				
	税前利润		＝D6-D7-D8	选中D9单元格，拖动填充柄至H9单元格(即引用单元格D9)			
	所得税		＝D9＊25％	选中D10单元格，拖动填充柄至H10单元格			
	税后利润		＝D9-D10	选中D11单元格，拖动填充柄至H11单元格			
	营业现金流量小计		＝D11+D8	选中D12单元格，拖动填充柄至H12单元格			
终结现金流量	残值收入						＝12 000＊5％
	收回垫付流动资金						3 000
	终结现金流量						＝H13+H14
现金流量合计		＝C5+C12+C15	选中C16单元格，拖动填充柄至H16单元格				

复制 A1：H16 区域(即复制平均年限法下现金流量估计表的所有内容)，粘贴在 A18：H33 区域，修改 D25：F25 单元格数据，即在 D25－F25 中分别输入"＝DDB(12 000，12 000＊5％，5，1)"、"＝DDB(12 000，12 000＊5％，5，2)"、"＝DDB(12 000，12 000＊5％，5，3)"并回车得到 1—3 年的年折旧

额,在 G25、H25 中分别输入"=(12 000-D25-E25-F25-12 000＊5％)/2",并回车得到第 4、5 年的折旧额。同时表格中相应数据进行重新计算,得到双倍余额折旧法下的现金流量。

同理可以计算年数总和法下现金流量,年数总和法下年折旧额的计算函数为 SYD,即 1—5 年的年折旧额的函数可以输入"=SYD(12 000,12 000＊5％,5,1)"、"=SYD(12 000,12 000＊5％,5,2)"、"=SYD(12 000,12 000＊5％,5,3)"、"=SYD(12 000,12 000＊5％,5,4)"、"=SYD(12 000,12 000＊5％,5,5)",即可得到各年的折旧额,从而计算出年数总和法下的现年流量。同时表格中相应数据进行重新计算,得到年数总和折旧法下的现金流量。

2. 净现值、现值指数、内含收益率等动态评价指标模型的建立;投资回收期、会计收益率等静态指标的计算

【资料 2】 以资料 1 数据为基础,以平均年限法下现金流量资料进行各财务评价指标计算,并假设预期投资报酬率为 10％。

方法一:打开"项目投资财务评价"工作簿,将 sheet2 重新命名为"财务评价指标计算及决策",并在 A1：E3 单元格中输入如下表的内容:

财务评价指标的计算				
净现值	现值指数	内含收益率	投资回收期	投资收益率

具体计算如下:

在 A3 中输入"=NPV(10％,现金流量估计! D16：H16)+现金流量估计! C16";

在 B3 中输入"=NPV(10％,现金流量估计! D16：H16)/ABS(现金流量估计! C16)";

在 C3 中输入"=IRR(现金流量估计! C16：H16)"。

在计算投资回收期 D3 单元格之前,先计算"现金流量估计"工作表中平均

年限法下累计现金流量,然后在 D3 中输入"=现金流量估计! F2+ABS(现金流量估计! F17)/现金流量估计! G16"。

在 E3 中输入"=(现金流量估计! D27+现金流量估计! E27+现金流量估计! F27+现金流量估计! G27+现金流量估计! H27)/5/ABS(现金流量估计! C34)"。

投资收益率公式如下:

投资收益率(ROI)=年息税前利润或年均息税前利润/投资总额×100%(在这里年息税前利润用总利润代替)。

3. 根据计算结果进行项目决策分析

根据净现值、现值指数和内含收益率的判断标准进行项目决策分析。

任务 7
营运资金管理

【综合练习题】

一、单项选择题

1. 在流动资产的融资战略中,使用短期融资最多的是( )。

A. 期限匹配融资战略

B. 保守融资战略

C. 激进融资战略

D. 紧缩的融资战略

2. 下列各项中,不影响企业流动资产投资战略选择的是( )。

A. 企业对风险和收益的权衡

B. 影响企业政策的决策者

C. 产业因素

D. 利率在短期、中期、长期负债之间的差异的影响

3. 以下成本中,属于固定储存成本的是( )。

A. 仓库折旧

B. 存货资金的应计利息

C. 存货的破损和变质损失

D. 存货的保险费用

4. 某企业每年耗用某种原材料 3 600 千克,该材料的单位成本为 20 元,

单位材料年储存成本为 1 元,一次订货成本 50 元,则下列说法正确的是( )。

    A. 该企业的经济订货批量为 300 千克,最小存货成本为 3 000 元

    B. 该企业的经济订货批量为 600 千克,最小存货成本为 600 元

    C. 该企业的经济订货批量为 600 千克,最小存货成本为 300 元

    D. 该企业的经济订货批量为 600 千克,最小存货成本为 6 000 元

5. 在现金管理中,下列说法不正确的是( )。

    A. 拥有足够的现金对于降低企业风险、增强企业资产的流动性和债务的可清偿性有着重要的意义

    B. 企业持有现金的目的是应付日常的业务活动

    C. 一个希望尽可能减少风险的企业倾向于保留大量的现金余额,以应付其交易性需求和大部分预防性资金需求

    D. 除了交易性需求、预防性需求和投机性需求外,许多公司持有现金是作为补偿性余额

6. 某公司的现金最低持有量为 1 500 元,现金回归线为 8 000 元。如果公司现有现金 22 000 元,根据现金持有量的随机模型,此时应当投资于有价证券的金额为( )元。

    A. 14 000

    B. 6 500

    C. 12 000

    D. 1 000

7. 在集团企业资金集中管理模式中,有利于企业集团实现全面收支平衡,提高资金的周转效率,减少资金沉淀,监控现金收支,降低资金成本的是( )。

    A. 统收统支模式

    B. 拨付备用金模式

    C. 结算中心模式

    D. 财务公司模式

8. 某企业年销售收入为 108 万元,信用条件为"1/10, n/30"时,预计有 20% 的客户选择享受现金折扣,其余客户在信用期付款,变动成本率为 50%,资金成本率为 10%,则应收账款机会成本为(   )元。(1 年按 360 天计算)

A. 78 000

B. 39 000

C. 3 900

D. 7 800

9. 某企业按年利率 6% 向银行借款 1 000 万元,银行要求保留 10% 的补偿性余额,同时要求按照贴现法计息,则这项借款的实际利率约为(   )。

A. 6.67%

B. 6.38%

C. 7.14%

D. 6%

10. 某企业按照"2/10, n/60"的信用条件购进一批商品。若企业放弃现金折扣,在信用期内付款,则放弃现金折扣的机会成本为(   )。

A. 20.41%

B. 12.24%

C. 14.70%

D. 20%

二、多项选择题

1. 现金折扣是企业对顾客在商品价格上的扣减。向顾客提供这种价格上的优惠,可以达到的目的有(   )。

A. 缩短企业的平均收款期

B. 扩大销售量

C. 增加收益

D. 减少成本

2. 下列说法正确的有(　　)。

A. 营运资金的管理既包括流动资产的管理,也包括流动负债的管理

B. 流动资产是指可以在一年以内或超过一年的一个营业周期内变现或运用的资产

C. 流动资产的数量会随着企业内外条件的变化而变化,时高时低,波动很大

D. 企业占用在流动资产上的资金,通常会在一年内收回

3. 发行短期融资券筹资的特点包括(　　)。

A. 筹资成本较低

B. 筹资弹性比较大

C. 筹资条件比较严格

D. 筹资数额比较小

4. 下列关于商业信用筹资特点的说法正确的有(　　)。

A. 商业信用容易获得

B. 企业一般不用提供担保

C. 商业信用筹资成本高

D. 容易恶化企业的信用水平

5. 下列关于营运资金管理原则的说法,正确的有(　　)。

A. 营运资金的管理必须把提高资金使用效率作为首要任务

B. 加速资金周转是提高资金使用效率的主要手段之一

C. 企业要千方百计加速存货、应收账款等流动资产的周转

D. 保持足够的偿债能力是营运资金的管理原则之一

6. 大华公司的现金部经理决定最低现金控制线为 20 000 元,估计该公司每日现金流量的方差为 360 000 元,持有现金的年机会成本为 9%,每次的转换成本 T 为 210 元,则下列结论正确的有(　　)。(一年按 360 天计算;计算结果保留整数)

A. 现金回归线＝433 826 元

B. 现金回归线=26 098 元

C. 最高控制线=38 294 元

D. 最高控制线=1 261 478 元

7. 现金支出管理的主要任务是尽可能延缓现金的支出时间,下列属于延缓现金支出时间的方法有(　　)。

A. 使用现金浮游量

B. 透支

C. 使用零余额账户

D. 推迟应付款的支付

8. 在应收账款管理中,下列说法正确的有(　　)。

A. 应收账款的主要功能是增加销售和减少存货

B. 应收账款的成本主要包括机会成本、管理成本和坏账成本

C. 监管逾期账款和催收坏账的成本会影响公司的利润

D. 信用期的确定,主要是分析改变现行信用期对成本的影响

9. 对于企业而言,应收账款保理的理财作用主要表现在(　　)。

A. 融资功能

B. 减轻企业应收账款的管理负担

C. 减少坏账损失,降低经营风险

D. 改善企业的财务结构

10. 下列关于应收账款日常管理的表述中,正确的有(　　)。

A. 应收账款的日常管理工作包括对客户的信用调查和分析评价、应收账款的催收工作等

B. 企业对顾客进行信用调查的主要方法是直接调查法和间接调查法

C. 应收账款的保理可以分为有追索权保理、无追索权保理、明保理和暗保理

D. 到期保理是指保理商并不提供预付账款融资,而是在赊销到期时才支付,届时不管货款是否收到,保理商都必须向销售商支付货款

三、判断题

1. 现金浮游量是指由于企业提高收款效率和缩短付款时间所产生的企业账户上的现金余额和银行账户上的企业存款余额之间的差额。　（　　）

2. 某企业年初从银行贷款 200 万元,期限为 1 年,年利率为 8%,按照贴现法付息,则年末应偿还的金额为 216 万元。　（　　）

3. 如果某企业存货周转期为 40 天,应收账款周转期为 30 天,应付账款周转期为 35 天,则现金周转期＝40＋30－35＝35(天)。　（　　）

4. 在应收账款管理中,信用政策必须明确地规定信用标准、信用条件、信用期间和折扣条件。　（　　）

5. 在存货管理中,与持有存货有关的成本,包括取得成本和储存成本。

（　　）

6. 如果企业信誉恶化,即使在信贷额度内,企业也可能得不到借款,此时,银行不会承担法律责任。　（　　）

7. 在存货管理中,与持有存货有关的成本,包括取得成本、储存成本和短缺成本。　（　　）

8. 在 5C 信用评价系统中,能力是指如果企业或个人当前的现金流不足以还债,他们在短期和长期内可供使用的财务资源。　（　　）

9. 信用条件是指销货企业要求赊购客户支付货款的条件,由信用期限、信用标准和现金折扣三个要素组成。　（　　）

10. 如果企业执行的信用标准过于严格,可能会限制公司的销售机会。如果企业执行的信用标准过于宽松,可能会增加随后还款的风险并增加坏账费用。　（　　）

四、计算题

1. 某公司的年赊销收入为 720 万元,平均收账期为 60 天,坏账损失为赊销额的 10%,年收账费用为 5 万元。该公司认为通过增加收账人员等措施,可以使平均收账期降为 50 天,坏账损失降为赊销额的 7%。假设公司的资本成本率为 6%,变动成本率为 50%。

要求:计算为使上述变更经济合理,新增收账费用的上限(每年按 360 天计算)。

2. 某企业每年需要耗用甲种原材料 7 200 件,单位材料年持有费率为 9元,平均每次订货费用为 225 元,该材料全年平均单价为 300 元。假设不存在数量折扣,不会出现陆续到货和缺货的现象。

要求:

(1) 计算甲材料的经济订货批量;

(2) 计算甲材料的年度订货批数;

(3) 计算甲材料的相关储存成本;

(4) 计算甲材料的相关订货成本;

(5) 计算甲材料的经济订货批量平均占用资金。

五、综合题

1. 某公司每年需要某种原材料 360 000 千克,已经得到经济订货批量为90 000 千克,材料单价为 15 元,单位材料年持有成本为 2 元,单位缺货成本为8 元。到货期及其概率分布如下:

天数	8	9	10	11	12
概率	0.1	0.2	0.4	0.2	0.1

要求:确定企业合理的保险储备和再订货点。(以 1 000 千克为间隔,一年按 360 天计算)

2. 某企业上年销售收入为 4 000 万元,总成本为 3 000 万元,其中固定成本为 600 万元。假设今年该企业变动成本率维持在上年的水平,现有两种信用政策可供选用:

乙方案给予客户 45 天信用期限($n/45$),预计销售收入为 5 000 万元,货款将于第 45 天收到,其收账费用为 20 万元,坏账损失率为货款的 2%;

甲方案的信用政策为($2/10$,$1/20$,$n/90$),预计销售收入为 5 400 万元,将有 30% 的货款于第 10 天收到,20% 的货款于第 20 天收到,其余 50% 的货款于第 90 天收到(前两部分货款不会产生坏账,后一部分货款的坏账损失率为该部分货款的 4%),收账费用为 50 万元。该企业 A 产品销售额的相关范围为 3 000—6 000 万元,企业的资本成本率为 8%(为简化计算,本题不考虑增值税因素)。要求:

(1) 计算该企业上年的下列指标:

① 变动成本总额;

② 以销售收入为基础计算的变动成本率;

(2) 计算甲、乙两方案的收益之差;(提示:边际贡献率=1-变动成本率)

(3) 计算乙方案的应收账款相关成本费用;

(4) 计算甲方案的应收账款相关成本费用;

(5) 计算甲、乙两方案税前收益之差,在甲、乙两个方案之间作出选择。

📚【课程阶段实训】 营运资金决策实训

一、实训教学目的

1. 应会：运用 Excel 软件设计最佳现金持有量成本分析、应收账款决策分析、经济进货批量分析模型和电子计算表格并运算其结果。

2. 熟悉：Excel 的一般操作方法以及相关工具的运用。

3. 情感态度：进一步认识 Excel 电子表在财务管理中的重要性，解决实际工作中的相关问题的作用，培养严谨求实的工作作风。

二、实训条件准备

1. 机房：满足一人一机，且保证每台计算机中安装 Excel 软件，并能正常使用。

2. 学生：人手一份本实训指导书。

三、实训成绩考核方式与标准

本次实训总分计为 100 分，具体评定细则为：

1. 遵守实训纪律，学习积极主动（10 分），现场考勤与考查结合。

2. 会 Excel 软件的基本操作（20 分），现场逐人考查基本操作活动。

3. 能用 Excel 创建最佳现金持有量成本分析、应收账款决策分析、经济进货批量分析模型，电子表格设计合理（50 分），现场逐人考查基本操作活动。

4. 会应用已创建的模型，正确运算，结果正确（20 分），现场逐人考查基本操作结果。

四、实训内容

1. 应收账款决策分析。
2. 现金持有量分析。
3. 经济订货批量计算。

五、实训方法与步骤

建立 Excel 工作簿,将其命名为"阶段综合实训　营运资金决策实训"。

1. 应收账款决策分析。

某企业预测 2010 年赊销额为 3 600 万元,其信用条件是:$n/30$,变动成本率为 60%,资金成本率为 10%。假设企业收账政策不变,固定成本总额不变,坏账损失率为 2%(坏账损失占赊销总额的比重),收账费用为 36 万元。该企业准备了 2 个被选方案:

A:维持 $n/30$ 的信用条件;

B:将信用条件改为:$2/10,1/20,n/60$。此时,赊销金额增加到 3 960 万元,估计约有 60% 的客户会利用 2% 的折扣,15% 的客户将利用 1% 的折扣,坏账损失率为 2%,收账费用为 42 万元。

问企业应该如何决策?

方法一:(1) 打开已建立的"阶段综合实训　营运资金决策实训"工作簿,将 sheet1 重命名为"应收账款决策分析",在 A1:B21 区域输入原始数据,并进行指标计算和决策分析。

应收账款决策分析		
方　　案	A(30/n)	B(2/10, 1/20, n/60)
项　　目		
年赊销额		

应收账款平均收账天数		(1)
应收账款平均余额	(2)	
变动成本率		
维持赊销业务所需要资金	(3)	
资金成本率		
坏账损失率		
收账费用		
信用成本前收益	(4)	
信用成本：		
应收账款机会成本	(5)	
现金折扣	(6)	
坏账损失	(7)	
收账费用		
信用成本合计		
信用成本后的收益		
分　　析		(8)
决　　策		(9)

注：(1) ＝60％×10＋15％×20＋(1－60％－15％)×60

(2) ＝年赊销额/360×应收账款平均收账天数

(3) 维持赊销业务所需资金＝应收账款平均余额×变动成本率

(4) ＝年赊销额×(1－变动成本率)

(5) ＝维持赊销业务所需资金×资金成本率

(6) ＝60％×2％＋15％×1％＋(1－60％－15％)×0

(7) ＝年赊销额×坏账损失率

(8) ＝IF(B19＞C19,"A 方案收益大于 B 方案的收益","A 方案收益小于 B 方案的收益")

(9) ＝IF(B19＞C19,"选择 A 方案","选择 B 方案")

2. 现金持有量分析。

已知：某公司现金收支平稳，预计全年（按 360 天计算）现金需要量为 250 000 元，现金与有价证券的转换成本为每次 500 元，有价证券年利率为 10%。要求：

（1）计算最佳现金持有量。

（2）计算最佳现金持有量下的全年现金管理总成本、全年现金转换成本和全年现金持有机会成本。

（3）计算最佳现金持有量下的全年有价证券交易次数和有价证券交易间隔期。

方法：（1）打开已建立的"阶段综合实训 营运资金决策实训"工作簿，将 sheet2 重命名为"现金持有量和存货订货批量计算"，在 A1：G8 区域输入下表内容，并进行指标计算。

最佳现金持有量成本分析表（金额单位：元）								
指标	年现金需要	转换成本	资金成本(%)	机会成本	最佳现金持有量	最低管理成本	证券交易次数	证券交易间隔期
指标值								

（2）运用 Excel 中 SQRT 函数和最佳现金持有量公式在相应指标单元格中运行结果

$$最佳现金持有量=\sqrt{\frac{2\times年现金需要量\times每次转换成本}{有价证券年利率}}$$

（3）运用下列公式及 Excel 工具在相应指标单元格中运行结果

$$持有机会成本=\frac{最佳现金持有量}{2}\times有价证券年利率$$

$$最低现金管理总成本=\sqrt{2\times年现金需要量\times每次转换成本\times有价证券年利率}$$

$$证券交易次数=\frac{年现金需要量}{最佳现金持有量}$$

$$证券交易间隔期 = \frac{360}{证券交易次数}$$

3. 经济订货批量计算。

已知 A 公司与库存有关的信息如下：年需求数量 60 万件（假设每年 360 天），每件购买价格 200 元，库存储存成本是商品买价的 3%，订货成本每次 120 元，订货数量只能按 100 的倍数（四舍五入）。订货至到货的时间为 15 天。

要求：（1）经济订货批量为多少？

（2）存货水平为多少时应补充订货？

（3）存货平均占用多少资金？

方法：（1）在"现金持有量和存货订货批量计算"工作表中 A12：F18 区域输入下表的内容。

存货经济订货批量分析表（金额单位：元，实物单位：件）							
指标	年需求量	进货单价	订货成本	单位储存成本	经济进货批量	补充进货点	平均占用资金
指标值							

（2）运用 Excel 中 SQRT 函数和经济进货批量公式在相应指标单元格中运行结果

$$经济进货批量 = \sqrt{\frac{2 \times 年进货量 \times 每次订货成本}{单位储存成本}}$$

（3）运用下列相关指标计算公式及 Excel 工具在指标单元格中运行结果

$$经济进货批量平均占用资金 = \frac{进货单价 \times 经济进货批量}{2}$$

$$= 进货单价 \times \sqrt{\frac{年进货需要量 \times 每次订货成本}{2 \times 单位储存成本}}$$

$$补充订货点 = 存货平均日消耗量 \times 订货在途天数$$

任务 8
收益与分配管理

【综合练习题】

一、单项选择题

1. 下列政策中,体现多盈多分、少盈少分股利的是(　　)。

A. 剩余股利政策

B. 固定股利政策

C. 固定股利比率政策

D. 正常股利加额外股利政策

2. 某企业注册资本 100 万元,盈余公积 80 万元,企业用盈余公积转增资本的最高限为(　　)。

A. 25 万元

B. 50 万元

C. 40 万元

D. 55 万元

3. 按照剩余股利政策,假定某公司总资本中 30% 是负债资金,70% 是权益资金,明年计划投资 800 万元。若今年实现净利润 860 万元,则可用于发放股利的金额是(　　)万元。

A. 340

B. 300

C. 320

D. 560

4. 按照剩余股利政策,假定某公司资金结构是30%的负债资金,70%的股权资金,明年计划投资600万元,今年年末股利分配税后净利中保留(　　)用于投资需要。

A. 180 万元

B. 240 万元

C. 360 万元

D. 420 万元

5. 公司以股票形式发放股利,可能带来的结果是(　　)。

A. 引起公司资产减少

B. 引起公司负债减少

C. 引起股东权益内部结构变化

D. 引起股东权益与负债同时变化

6. 法定公积金达到注册资本的多少时,可以不再提取(　　)。

A. 20%

B. 40%

C. 50%

D. 80%

7. 下列关于剩余股利政策的说法不正确的是(　　)。

A. 剩余股利政策,是指公司生产经营所获得的净收益首先应满足公司的全部资金需求,如果还有剩余,则派发股利;如果没有剩余,则不派发股利

B. 剩余股利政策有助于保持最佳的资本结构,实现企业价值的长期最大化

C. 剩余股利政策不利于投资者安排收入与支出

D. 剩余股利政策一般适用于公司初创阶段

8. 股票回购对上市公司的影响不包括(　　)。

A. 容易导致资产流动性降低,影响公司的后续发展

B. 在一定程度上巩固了对债权人利益的保障

C. 损害公司的根本利益

D. 容易加剧公司行为的非规范化,使投资者蒙受损失

9. 一般而言,适应于采用固定或稳定增长股利政策的公司是（　　）。

A. 盈利较高但投资机会较多的公司

B. 经营比较稳定或正处于成长期的企业

C. 盈利波动较大的公司

D. 负债率较高的公司

10. 某公司现有发行在外的普通股 100 万股,每股面额 1 元,资本公积 300 万元,未分配利润 800 万元;若按 10% 的比例发放股票股利,股票市价 3 元/股,公司未分配利润的报表列示将为（　　）。

A. 320 万元

B. 770 万元

C. 800 万元

D. 110 万元

11. 在下列各项中,能够增加普通股股票发行在外股数,但不改变公司资本结构的行为是（　　）。

A. 支付现金股利

B. 增发普通股

C. 股票分割

D. 股票回购

二、多项选择题

1. 就上市公司而言,发放股票股利（　　）。

A. 企业所有者权益内部结构调整,不会引起股东权益总额的增减变化

B. 企业筹资规模增加

C. 会增加原投资者持有股票的比率

D. 不会引起股东所持有股票市场价值总额改变

2. 下列哪种股利政策是基于股利相关论确立的(   )。

A. 剩余股利政策

B. 固定股利政策

C. 固定股利比率政策

D. 正常股利加额外股利政策

3. 下列表述正确的是(   )。

A. 在除息日前,股利权从属于股票

B. 在除息日前,持有股票者不享有领取股利的权利

C. 在除息日前,股利权不从属于股票

D. 从除息日开始,新购入股票的投资者不能分享最后一期股利

4. 股票回购对上市公司的不利影响主要体现为(   )。

A. 资金紧张,资产流动性降低

B. 削弱了对债权人利益的保障

C. 忽视公司长远的发展,损害公司的根本利益

D. 容易导致公司操纵股价

5. 采用低正常股利加额外股利政策的优点是(   )。

A. 有利于完善公司的资本结构

B. 使公司具有较大的灵活性

C. 使股利负担最低

D. 有助于稳定股价,增强投资者信息

6. 主要依靠股利维持生活的股东和养老基金管理人赞成的公司股利政策是(   )。

A. 剩余股利政策

B. 固定或稳定增长股利政策

C. 正常股利加额外股利政策

D. 固定股利支付率政策

7. 影响股利政策的法律约束因素包括(   )。

A. 资本保全约束

B. 资本确定约束

C. 资本积累约束

D. 超额累积利润约束

8. 企业发放股票股利(　　　)。

A. 实际上是企业盈利的资本化

B. 能达到节约企业现金的目的

C. 可使股票价格不致过高

D. 会使企业财产价值增加

9. 采用现金股利形式的企业必须具备的两个条件是(　　　)。

A. 企业要有足够的现金

B. 企业要有足够的净利润

C. 企业要有足够的留存收益

D. 企业要有足够未指明用途的留存收益

10. 恰当的股利分配政策有利于(　　　)。

A. 增强公司积累能力

B. 增强投资者对公司的投资信心

C. 提高企业的市场价值

D. 提高企业的财务形象

11. 按我国《公司法》规定,下列(　　　)情形下公司可收购本公司股份。

A. 减少公司注册资本

B. 与持有本公司股份的其他公司合并

C. 将股份奖励给本公司职工

D. 股东因对股东大会作出的公司合并、分立决议持异议,要求公司收购其股份的

三、判断题

1. 股利发放额会随每年投资机会和盈利水平的波动而波动的企业最适宜的股利政策是剩余股利政策。　　　　　　　　　　　（　　）

2. 股票回购有助于防止公司被并购，巩固内部控制人的地位。（　　）

3. 基于规避风险的目的，股东宁愿获取当前较少的现金股利，也不愿等待将来更多的资本利得。　　　　　　　　　　　　（　　）

4. 股东出于控制考虑，往往限制股利的支付，以防止控制权旁落他人。

　　　　　　　　　　　　　　　　　　　　　　　　（　　）

5. 企业在确定收益分配时，资本保全约束属于公司因素。（　　）

6. "低正常股利加额外股利政策"和"固定或稳定增长的股利政策"均有助于稳定股价、均可以增强投资者信心。　　　　　　　（　　）

7. 以发行公司债券的方式支付股利属于支付财产股利。（　　）

8. 股东为防止控制权稀释，往往希望公司提高股利支付率。（　　）

9. 就我国目前上市公司而言，通常采用的是股票股利形式。（　　）

10. 在证券市场上，股票回购的作用之一是防止敌意收购。（　　）

任务 9
财务分析与评价

【综合练习题】

一、单项选择题

1. 在下列财务分析主体中,必须对企业营运能力、偿债能力、盈利能力及发展能力的全部信息予以详尽了解和掌握的是(　　)。

   A. 交易性金融资产者

   B. 企业债权人

   C. 企业经营者

   D. 税务机关

2. 短期债权人在进行企业财务分析时,最为关心的是(　　)。

   A. 企业获利能力

   B. 企业支付能力

   C. 企业社会贡献能力

   D. 企业资产营运能力

3. 通过计算各种比率指标来确定财务活动变动程度的方法是(　　)。

   A. 比较分析法

   B. 对比分析法

   C. 比率分析法

   D. 因素分析法

4. 下列指标中,属于效率比率的是(　　)。

A. 流动比率

B. 资本利润率

C. 资产负债率

D. 流动资产占全部资产的比重

5. 下列各项中,不会稀释公司每股收益的是(　　)。

A. 发行认股权证

B. 发行短期融资券

C. 发行可转换公司债券

D. 授予管理层股份期权

6. 某上市公司 2009 年度归属于普通股股东的净利润为 25 000 万元。2008 年年末的股本为 10 000 万股,2009 年 5 月 1 日新发行 6 000 万股,2009 年 12 月 31 日,经公司股东大会决议,以截至 2009 年年末公司总股本为基础,向全体股东每 10 股送红股 1 股,工商注册登记变更完成后公司总股本变为 17 600 万股,则该上市公司 2009 年基本每股收益为(　　)元。

A. 1.1

B. 1.26

C. 1.62

D. 1.4

7. 乙公司 2009 年 7 月 1 日发行利息率为 4%,每张面值 100 元的可转换债券 10 万张,规定每张债券可转换为 1 元面值普通股 80 股。2009 年净利润 8 000 万元,2009 年发行在外普通股 4 000 万股,公司适用的所得税率为 25%,则 2009 年的稀释每股收益为(　　)元/股。

A. 2

B. 1.67

C. 1.82

D. 1.56

8. 在上市公司杜邦财务分析体系中,最具有综合性的财务指标是（　　）。

    A. 营业净利率

    B. 净资产收益率

    C. 总资产净利率

    D. 总资产周转率

9. 某企业 2007 年和 2008 年的营业净利率分别为 7％和 8％，资产周转率分别为 2 和 1.5，两年的资产负债率相同，与 2007 年相比，2008 年的净资产收益率变动趋势为（　　）。

    A. 上升

    B. 下降

    C. 不变

    D. 无法确定

10. 在下列关于资产负债率、权益乘数和产权比率之间关系的表达式中，正确的是（　　）。

    A. 资产负债率＋权益乘数＝产权比率

    B. 资产负债率－权益乘数＝产权比率

    C. 资产负债率×权益乘数＝产权比率

    D. 资产负债率÷权益乘数＝产权比率

11. 一般认为在综合评价体系中，企业财务评价的内容首先是（　　）。

    A. 偿债能力

    B. 营运能力

    C. 盈利能力

    D. 成长能力

12. 下列综合绩效评价指标中，属于财务绩效定量评价指标的是（　　）。

    A. 获利能力评价指标

    B. 战略管理评价指标

    C. 经营决策评价指标

    D. 风险控制评价指标

13. 下列各项中,不属于财务业绩定量评价指标的是(　　)。

A. 获利能力

B. 资产质量指标

C. 经营增长指标

D. 人力资源指标

14. 在下列财务绩效评价指标中,属于企业获利能力基本指标的是(　　)。

A. 营业利润增长率

B. 总资产报酬率

C. 总资产周转率

D. 资本保值增值率

15. 某国有企业经过评议结果,定量指标分数为 92 分,定性指标分数为 88 分,则该企业的综合评分为(　　)。

A. 91.2

B. 90

C. 90.8

D. 90.4

二、多项选择题

1. 比率分析法是通过计算各种比率指标来确定财务活动变动程度的方法,比率指标的类型主要有(　　)。

A. 构成比率

B. 效率比率

C. 相关比率

D. 动态比率

2. 下列项目中哪些属于采用比率分析法时应当注意的问题(　　)。

A. 对比项目的相关性

B. 对比口径的一致性

C. 衡量标准的科学性

D. 因素替代的顺序性

3. 计算下列各项指标时,其分母需要采用平均数的有(　　)。

A. 基本每股收益

B. 应收账款周转次数

C. 总资产报酬率

D. 应收账款周转天数

4. 企业计算稀释每股收益时,应当考虑的稀释性潜在的普通股包括(　　)。

A. 股票期权

B. 认股权证

C. 可转换公司债券

D. 不可转换公司债券

5. 一般情况下,下列有关市盈率表述正确的有(　　)。

A. 上市公司盈利能力的成长性越高,市盈率越高

B. 上市公司经营良好且稳定性越好,市盈率越高

C. 通常市场利率越高,企业的市盈率会越大

D. 市盈率越低,说明投资于该股票的风险越低

6. 下列各项中,与净资产收益率密切相关的有(　　)。

A. 营业净利率

B. 总资产周转率

C. 总资产增长率

D. 权益乘数

7. 下列各项中,可能直接影响企业净资产收益率指标的措施有(　　)。

A. 提高营业净利率

B. 提高资产负债率

C. 提高总资产周转率

D. 提高流动比率

三、判断题

1. 在财务分析中,将通过对比两期或连续数期财务报告中的相同指标,以说明企业财务状况或经营成果变动趋势的方法称为比较分析法。（　　）

2. 财务分析中的效率指标,是某项财务活动中所费与所得之间的比率,反映投入与产出的关系。（　　）

3. 因素分析法是依据分析指标与影响因素的关系,从数量上确定各因素对分析指标影响方向和影响程度的一种方法。（　　）

4. 因素分析法的分析结果具有一定的假定性。（　　）

5. 每股股利与企业获利能力是同方向变动的。（　　）

6. 上市公司盈利能力的成长性和稳定性是影响其市盈率的重要因素。（　　）

7. 市盈率是评价上市公司盈利能力的指标,它反映投资者愿意对公司每元净利润支付的价格。（　　）

8. 股票市价相近的条件下,企业股票的每股净资产越低,则企业发展潜力与其股票的投资价值越大。（　　）

9. 权益乘数的高低取决于企业的资金结构:资产负债率越高,权益乘数越高,财务风险越大。（　　）

10. 对管理绩效进行评价时,一般运用功效系数法的原理,以企业评价指标实际值对照企业所处行业(规模)标准值,按照既定的计分模型进行定量测算。（　　）

四、计算分析题

1. 已知:A公司 2009 年年初负债总额为 4 000 万元,所有者权益是负债的 1.5 倍,该年的所有者权益增长率为 150%,年末资产负债率为 0.25,平均负债的年均利息率为 10%,全年固定成本总额为 6 925 万元(不含利息),净利润为 10 050 万元,适用的企业所得税税率为 25%,2009 年年初发行在外的股数为 10 000 万股,2009 年 3 月 1 日,经股东大会决议,以截至 2008 年年末公司总股本为基础,向全体股东发放 10% 的股票股利,工商注册登记变更完成后的总股数为 11 000 万股。2009 年 9 月 30 日新发股票 5 000 万股。2009 年年末的股票市价为 5 元,2009 年的负债总额包括 2009 年 7 月 1 日平价发行的面值为 1 000 万元、票面利率为 1%、每年年末付息的 3 年期可转换债券,转换价格为 5 元/股,债券利息不符合资本化条件,直接计入当期损益,假设企业没有其他的稀释潜在普通股。

要求:根据上述资料,计算公司的下列指标:

(1) 2009 年年初的所有者权益总额;

(2) 2009 年的基本每股收益和稀释每股收益;

(3) 2009 年年末的每股净资产和市盈率;

(4) 2009 年的平均负债额及息税前利润;

(5) 计算该公司目前的经营杠杆系数、财务杠杆系数和复合杠杆系数;

(6) 若 2010 年的产销量会增加 10%,假设其他条件不变,公司 2010 年的息税前利润会增长多少?

2. 某公司 2009 年度有关财务资料如下：

（1）　　　　　　　　　　简略资产负债表　　　　　　　　单位：万元

资产	年初数	年末数	负债及所有者权益	年初数	年末数
现金及有价证券	51	65	负债总额	74	134
应收账款	23	28	所有者权益总额	168	173
存货	16	19			
其他流动资产	21	14			
长期资产	131	181			
总资产	242	307	负债及所有者权益	242	307

（2）其他资料如下：2009 年实现营业收入净额 400 万元，营业成本 260 万元，管理费用 54 万元，销售费用 6 万元，财务费用 18 万元。投资收益 8 万元，所得税率 25%。

（3）2008 年有关财务指标如下：营业净利率 11%，总资产周转率 1.5，平均的权益乘数 1.4。

要求：

（1）运用杜邦财务分析体系，计算 2009 年该公司的净资产收益率。

（2）采用差额分析法分析 2009 年净资产收益率指标变动的具体原因。

（3）假定该公司 2010 年的投资计算需要资金 50 万元，公司目标资金结构按 2009 年的平均权益乘数水平确定，请按剩余股利政策确定该公司 2009 年向投资者分红的金额。

▮▮ 【课程阶段实训】 财务分析实训

一、实训教学目的

1. 应会：运用 Excel 建立财务指标计算与分析模型。

2. 熟悉：财务报表的比较分析和结构分析；偿债能力、运营能力、获利能力等指标的具体计算；杜邦分析。

3. 情感态度：进一步认识 Excel 电子表在财务分析中的重要性。

二、实训条件准备

1. 机房：满足一人一机，且保证每台计算机中安装 Excel 软件，并能正常使用。

2. 学生：实训前完成财务报表分析实训指导书的预习。

三、实训成绩考核方式与标准

本次实训总分计为 100 分，具体评定细则为：

1. 遵守实训纪律，学习积极主动（10 分），现场考勤与考查结合。

2. 会 Excel 软件的基本操作（20 分），现场逐人考查基本操作活动。

3. 能用 Excel 创建财务分析与评价指标分析模型，电子表格设计合理，正确运算，结果正确（50 分）。

4. 能熟练运用所建财务分析模型（20 分），现场逐人考查基本操作活动。

四、实训内容

1. 财务报表的结构分析和比较分析。

2. 计算偿债能力指标、营运能力指标、获利能力指标、发展能力指标等财务比率。

3. 建立杜邦财务分析模型。

五、实训方法与步骤

根据资料完成实训要求。

【资料】 A公司201×年年末的资产负债表、利润表和现金流量表如下：

			资产负债表		
编制单位：A公司		201×年12月31日			单位：元
资 产	期末余额	年初余额	负债和所有者权益(或股东权益)	期末余额	年初余额
流动资产：			流动负债：		
货币资金	3 163 080.00	673 560.00	短期借款	10 000.00	180 000.00
交易性金融资产	741 800.00	36 800.00	交易性金融负债		
应收票据	20 000.00	20 000.00	应付票据	190 000.00	255 000.00
应收账款	78 040.00	181 000.00	应付账款	1 076 600.00	140 600.00
预付账款	29 200.00	29 200.00	预收账款	175 000.00	175 000.00
应收利息	10 000.00	10 000.00	应付职工薪酬	49 680.00	49 680.00
应收股利	95 000.00	95 000.00	应交税费	739 515.00	123 800.00
其他应收款		41 027.00	应付利息		
	41 027.00				

续表

资　产	期末余额	年初余额	负债和所有者权益（或股东权益）	期末余额	年初余额
存货	953 830.00	1 666 830.00	应付股利	135 000.00	135 000.00
一年内到期的非流动资产	—	—	其他应付款	78 000.00	78 000.00
其他流动资产	—	—	一年内到期的非流动负债	120 000.00	
流动资产合计	5 131 977.00	2 753 417.00	其他流动负债		
非流动资产：			流动负债合计	2 573 795.00	1 137 080.00
可供出售金融资产	160 000.00	160 000.00	非流动负债：		
持有至到期投资	140 000.00	80 000.00	长期借款	883 000.00	2 100 000.00
长期应收款	—	—	应付债券		
长期股权投资	490 000.00	630 000.00	长期应付款	537 000.00	537 000.00
投资性房地产	—	—	专项应付款		
固定资产	5 185 399.00	3 878 099.00	预计负债		
在建工程	1 010 000.00	2 100 000.00	递延所得税负债		
工程物资	720 000.00	390 000.00	其他非流动负债		
固定资产清理	—	—	非流动负债合计	1 420 000.00	2 637 000.00
生产性生物资产	—	—	负债合计	3 993 795.00	3 774 080.00
油气资产	—	—	所有者权益（或股东权益）：		—
无形资产	47 000.00	173 000.00	实收资本（或股本）	3 800 000.00	2 800 000.00

续表

资　产	期末余额	年初余额	负债和所有者权益(或股东权益)	期末余额	年初余额
开发支出	—	—	资本公积	1 530 000.00	1 530 000.00
商誉	—	—	减：库存股		
长期待摊费用	80 000.00	120 000.00	盈余公积	1 895 522.00	1 676 500.00
递延所得税资产	—	—	未分配利润	1 745 059.00	503 936.00
其他非流动资产	—	—	所有者权益(或股东权益)合计	8 970 581.00	6 510 436.00
非流动资产合计	7 832 399.00	7 531 099.00		—	—
资产总计	12 964 376.00	10 284 516.00	负债和所有者(或股东权益)合计	12 964 376.00	10 284 516.00
注：年初普通股股数(股)	2 800 000.00			—	—
7月1日增发普通股股数(股)	1 000 000.00				
年末每股市价	15				

利　润　表		
编制单位：	201×年12月31日	
项　目	本年金额	上年金额
一、营业收入	4 400 000.00	
减：营业成本	2 440 000.00	

项　　目	本年金额	上年金额
营业税金及附加	5 780.00	
销售费用	20 000.00	
管理费用	332 000.00	
财务费用	43 000.00	
资产减值损失	17 960.00	
加：公允价值变动收益(损失以"－"号填列)	155 000.00	
投资收益(损失以"－"号填列)	130 000.00	
其中：对联营企业和合营企业的投资收益		
二、营业利润(亏损以"－"号填列)	**1 826 260.00**	
加：营业外收入	170 000.00	
减：营业外支出	49 400.00	
其中：非流动资产处置损失	49 400.00	
三、利润总额(亏损总额以"－"号填列)	**1 946 860.00**	
减：所得税费用	486 715.00	
四、净利润(净亏损以"－"号填列)	**1 460 145.00**	
五、每股收益	—	
(一)基本每股收益	—	
(二)稀释每股收益	—	
注：当年拟派发现金股利	1 000 000.00	

现金流量表

编制单位：		201×年度

项　　　目	行次	本期金额
一、经营活动产生的现金流量：	1	
销售商品、提供劳务收到的现金	2	5 250 000.00
收到的税费返还	3	
收到其他与经营活动有关的现金	4	
经营活动现金流入小计	5	5 250 000.00
购买商品、接受劳务支付的现金	6	299 000.00
支付给职工以及为职工支付的现金	7	600 000.00
支付的各项税费	8	454 780.00
支付其他与经营活动有关的现金	9	120 000.00
经营活动现金流出小计	10	1 473 780.00
经营活动产生的现金流量净额	11	3 776 220.00
二、投资活动产生的现金流量：	12	
收回投资收到的现金	13	130 000.00
取得投资收益收到的现金	14	130 000.00
处置固定资产、无形资产和其他长期资产收回的现金净额	15	640 600.00
处置子公司及其他营业单位收到的现金净额	16	
收到其他与投资活动有关的现金	17	
投资活动现金流入小计	18	900 600.00
购建固定资产、无形资产和其他长期资产支付的现金	19	1 227 300.00
投资支付的现金	20	610 000.00

项　　目	行次	本期金额
取得子公司及其他营业单位支付的现金净额	21	
支付其他与投资活动有关的现金	22	
投资活动现金流出小计	23	1 837 300.00
投资活动产生的现金流量净额	24	(936 700.00)
三、筹资活动产生的现金流量	25	
吸收投资收到的现金	26	1 000 000.00
其中：子公司吸收少数股东投资收到的现金	27	
取得借款收到的现金	28	820 000.00
收到其他与筹资活动有关的现金	29	
筹资活动现金流入小计	30	1 820 000.00
偿还债务支付的现金	31	2 170 000.00
分配股利、利润或偿付利息支付的现金	32	
其中：子公司支付给少数股东的股利、利润	33	
支付其他与筹资活动有关的现金	34	
筹资活动现金流出小计	35	2 170 000.00
筹资活动产生的现金流量净额	36	(350 000.00)
四、汇率变动对现金及现金等价物的影响	37	
五、现金及现金等价物净增加额	38	2 489 520.00
加：期初现金及现金等价物余额	39	673 560.00
六、期末现金及现金等价物余额	40	3 163 080.00

续表

补 充 资 料	行次	金 额
1. 将净利润调节为经营活动现金流量		
净利润	41	1 460 145.00
加：资产减值准备	42	17 960.00
固定资产折旧、油气资产折耗、生产性生物资产折旧	43	200 000.00
无形资产摊销	44	122 000.00
长期待摊费用摊销	45	40 000.00
处置固定资产、无形资产和其他长期资产的损失（减：收益）	46	(170 000.00)
固定资产报废损失（减：收益）	47	49 400.00
公允价值变动损失（减：收益）	48	(155 000.00)
财务费用（减：收益）	49	43 000.00
投资损失（减：收益）	50	(130 000.00)
递延所得税资产减少（增加以"+"号填列）	51	0.00
递延所得税负债增加（减少以"-"号填列）	52	0.00
存货的减少（减：增加）	53	710 000.00
经营性应收项目的减少（减：增加）	54	104 000.00
经营性应付项目的增加（减：减少）	55	1 484 715.00
其他	56	
经营活动产生的现金流量净额	57	3 776 220.00
2. 不涉及现金收支的投资和筹资活动		
债务转为资本	58	

续表

补 充 资 料	行次	金 额
一年内到期的可转换公司债券	59	
融资租入固定资产	60	
3. 现金及现金等价物净增加情况		
现金的期末余额	61	3 162 080.00
减：现金的期初余额	62	673 560.00
加：现金等价物的期末余额	63	
减：现金等价物的期初余额	64	
现金及现金等价物净增加额	65	2 488 520.00

要求：（1）对资产负债表进行结构分析。

（2）对资产负债表进行比较分析。

（3）对利润表进行结构分析。

（4）对现金流量表进行结构分析。

（5）计算各种财务比率。

（6）杜邦分析。

步骤和方法：

（1）建立 Excel 工作簿，将其命名为"财务报表分析"。打开已建立的工作簿，将 sheet1、sheet2、sheet3 分别重新命名为"资产负债表"、"利润表"、"现金流量表"；在"资产负债表"工作表中 A1：F39 区域输入资料中资产负债表的全部内容；在"利润表"工作表中 A1：D24 区域输入资料中利润表的全部内容；在"现金流量表"工作表中 A1：C74 区域输入资料中现金流量表的全部内容。

（2）将 sheet4 重命名为"资产负债表比较分析"，并在 A1：F36 区域输入下表内容。

资产负债表比较分析

编制单位：　　　　　　　　　　201×年 12 月 31 日　　　　　　　　单位：元

资　产	增减额	增减百分比	负债和所有者权益（或股东权益）	增减额	增减百分比
流动资产：			**流动负债：**		
货币资金			短期借款		
交易性金融资产			交易性金融负债		
应收票据			应付票据		
应收账款			应付账款		
预付账款			预收账款		
应收利息			应付职工薪酬		
应收股利			应交税费		
其他应收款			应付利息		
存货			应付股利		
一年内到期的非流动资产			其他应付款		
其他流动资产			一年内到期的非流动负债		
流动资产合计			其他流动负债		
非流动资产：			**流动负债合计**		
可供出售金融资产			**非流动负债：**		
持有至到期投资			长期借款		
长期应收款			应付债券		
长期股权投资			长期应付款		
投资性房地产			专项应付款		

资　产	增减额	增减百分比	负债和所有者权益（或股东权益）	增减额	增减百分比
固定资产			预计负债		
在建工程			递延所得税负债		
工程物资			其他非流动负债		
固定资产清理			非流动负债合计		
生产性生物资产			负债合计		
油气资产			所有者权益（或股东权益）：		
无形资产			实收资本（或股本）		
开发支出			资本公积		
商誉			减：库存股		
长期待摊费用			盈余公积		
递延所得税资产			未分配利润		
其他非流动资产			所有者权益（或股东权益）合计		
非流动资产合计					
资产总计			负债和所有者（或股东权益）合计		

　　资产负债表项目的比较分析，是对各个项目年初数和年末数进行比较，说明年末数与年初数相比较的绝对增加额和增长幅度。以货币资金为例进行计算，增加额＝资产负债表中货币资金的期末数－期初数，具体计算时，在 B5 中输入"＝资产负债表结构分析！B5－资产负债表结构分析！C5"，回车，B5 显示为 2 489 520，即期末货币资金比去年增加了 2 489 520 元。增减百分比＝增

加额/期初数,具体计算时,在 C5 中输入"=B5/资产负债表! C5",回车,C5
显示 369.61%,即期末货币资金比期初增加了 369.61%。以填充柄的形式拖
动 C5 单元格至 C36,可以计算出其他项目数据。

(3) 将 sheet5 重命名为"资产负债表结构分析",并在 A1:F36 区域输入
下表内容。

资产负债表结构分析					
编制单位:		201×年 12 月 31 日			单位:元
资 产	期末余额比重	年初余额比重	负债和所有者权益（或股东权益）	期末余额比重	年初余额比重
流动资产:			流动负债:		
货币资金			短期借款		
交易性金融资产			交易性金融负债		
应收票据			应付票据		
应收账款			应付账款		
预付账款			预收账款		
应收利息			应付职工薪酬		
应收股利			应交税费		
其他应收款			应付利息		
存货			应付股利		
一年内到期的非流动资产			其他应付款		
其他流动资产			一年内到期的非流动负债		
流动资产合计			其他流动负债		
非流动资产:			流动负债合计		

资　产	期末余额比重	年初余额比重	负债和所有者权益（或股东权益）	期末余额比重	年初余额比重
可供出售金融资产			**非流动负债：**		
持有至到期投资			长期借款		
长期应收款			应付债券		
长期股权投资			长期应付款		
投资性房地产			专项应付款		
固定资产			预计负债		
在建工程			递延所得税负债		
工程物资			其他非流动负债		
固定资产清理			**非流动负债合计**		
生产性生物资产			**负债合计**		
油气资产			**所有者权益（或股东权益）：**		
无形资产			实收资本（或股本）		
开发支出			资本公积		
商誉			减：库存股		
长期待摊费用			盈余公积		
递延所得税资产			未分配利润		
其他非流动资产			**所有者权益（或股东权益）合计**		
非流动资产合计					
资产总计			**负债和所有者（或股东权益）合计**		

　　资产负债表的结构分析是指资产各个项目占总资产的比重,各个负债及所有者权益项目占总的负债及所有者权益的比重。以货币资金项目为例进行计算。期末余额比重＝资产负债表中货币资金期末数/总资产期末数,具体计算时,在 B5 单元格输入"＝资产负债表! B5/资产负债表! \$B\$36",回车,B5 显示 24.4％,即年末货币资金占年末总资产的比重为 24.4％;年初余额比重＝资产负债表中货币资金年初数/总资产年初数,具体计算时,在 C5 单元格输入"资产负债表! C5/资产负债表! \$C\$36",回车,C5 显示 6.55％,即期初货币资金占期初总资产的比重为 6.55％。以填充柄的形式拖动 B5 至 B36、拖动 C5 至 C36,可以计算其他项目的比重。负债及所有者权益项目计算类似。

　　(4) 将 sheet6 重命名为"利润表结构分析",并在 A1：B23 区域输入下表内容。

利润表结构分析	
编制单位：　　　　　201×年 12 月 31 日	
项　　　目	本年金额占收入比重
一、营业收入	
减：营业成本	
营业税金及附加	
销售费用	
管理费用	
财务费用	
资产减值损失	
加：公允价值变动收益(损失以"－"号填列)	
投资收益(损失以"－"号填列)	
其中：对联营企业和合营企业的投资收益	

续表

项　　目	本年金额占收入比重
二、营业利润(亏损以"－"号填列)	
加：营业外收入	
减：营业外支出	
其中：非流动资产处置损失	
三、利润总额(亏损总额以"－"号填列)	
减：所得税费用	
四、净利润(净亏损以"－"号填列)	
五、每股收益	—
(一)基本每股收益	—
(二)稀释每股收益	—

利润表结构分析是指计算利润表各个项目与营业收入的比值。以营业成本为例,营业成本占收入的比重＝营业成本/营业收入,具体计算时,在 B5 中输入"＝利润表！B5/利润表！B4",B5 显示 55.45%,即营业成本占营业收入的比重为 55.45%。以填充柄形式拖动 B5 至 B20,得到其他项目的比重。

(5) 将 sheet7 重命名为"现金流量表结构分析",并在 A1：E43 中输入下表内容。

现金流量表结构分析				
编制单位：	201×年 12 月 31 日			
项　　目	行次	现金流入分析	现金流出分析	现金净流量分析
一、经营活动产生的现金流量	1			
销售商品、提供劳务收到的现金	2			

续表

项　目	行次	现金流入分析	现金流出分析	现金净流量分析
收到的税费返还	3			
收到其他与经营活动有关的现金	4			
经营活动现金流入小计	5			
购买商品、接受劳务支付的现金	6			
支付给职工以及为职工支付的现金	7			
支付的各项税费	8			
支付其他与经营活动有关的现金	9			
经营活动现金流出小计	10			
经营活动产生的现金流量净额	11			
二、投资活动产生的现金流量	12			
收回投资收到的现金	13			
取得投资收益收到的现金	14			
处置固定资产、无形资产和其他长期资产收回的现金净额	15			
处置子公司及其他营业单位收到的现金净额	16			
收到其他与投资活动有关的现金	17			
投资活动现金流入小计	18			
购建固定资产、无形资产和其他长期资产支付的现金	19			
投资支付的现金	20			
取得子公司及其他营业单位支付的	21			

项　　目	行次	现金流入分析	现金流出分析	现金净流量分析
现金净额				
支付其他与投资活动有关的现金	22			
投资活动现金流出小计	23			
投资活动产生的现金流量净额	24			
三、筹资活动产生的现金流量	25			
吸收投资收到的现金	26			
其中：子公司吸收少数股东投资收到的现金	27			
取得借款收到的现金	28			
收到其他与筹资活动有关的现金	29			
筹资活动现金流入小计	30			
偿还债务支付的现金	31			
分配股利、利润或偿付利息支付的现金	32			
其中：子公司支付给少数股东的股利、利润	33			
支付其他与筹资活动有关的现金	34			
筹资活动现金流出小计	35			
筹资活动产生的现金流量净额	36			
四、汇率变动对现金及现金等价物的影响	37			
五、现金及现金等价物净增加额	38			
加：期初现金及现金等价物余额	39			
六、期末现金及现金等价物余额	40			

现金流入分析。即计算各个流入项目占经营活动现金流入、投资活动现金流入和筹资活动现金流入三项合计数的比重。以销售商品、提供劳务收到的现金为例,具体计算时,在 C5 中输入"＝现金流量表! C5/(现金流量表! ＄C＄8＋现金流量表! ＄C＄21＋现金流量表! ＄C＄33)",回车,C5 显示 65.87％,即销售商品、提供劳务收到的现金占现金总流入的比重为 65.87％。其他流入项目的计算类似。

现金流出分析。即计算各个流出项目占经营活动现金流出、投资活动现金流出和筹资活动现金流出三项合计数的比重。以购买商品、接受劳务支付的现金为例,具体计算时,在 D9 中输入"＝现金流量表! C9/(现金流量表! ＄C＄13＋现金流量表! ＄C＄26＋现金流量表! ＄C＄38)",回车,D9 显示 5.46％,即购买商品、接受劳务支付的现金占现金总流出的比重为 5.46％。其他流出项目的计算类似。

现金净流量分析。计算经营活动、投资活动以及筹资活动各个部分的现金流入/现金流出。以经营活动现金净流量分析为例,在 E14 中输入"＝现金流量表! C14/现金流量表! C41",E14 显示 1.52,即经营活动现金流入是现金流出的 1.52。

(6) 将 sheet8 重命名为"财务比率的计算",并在 A1:D40 区域输入下表内容。

财务比率			
编制单位:		分析年份:	
项　　　目	计 算 公 式	上年数	本年数
一、偿债能力			
1. 流动比率	流动资产÷流动负债	1.47	1.99
2. 速动比率	速动资产(货币资金＋交易性金融资产＋应收账款＋应收票据)÷流动负债	0.80	1.56
3. 现金流动负债比率	经营活动现金流量净额÷流动负债		1.47

项　　目	计　算　公　式	上年数	本年数
4. 资产负债率	负债总额÷资产总额	36.70%	30.81%
5. 产权比率	负债总额÷股东权益总额	36.70%	44.52%
6. 或有负债比率	或有负债余额(已贴现商业承兑汇票金额＋对外担保金额＋未决诉讼、未决仲裁金额＋其他或有负债金额)÷所有者权益总额		
7. 已获利息倍数	息税前利润(总利润＋利息支出)÷利息支出		4 627.58%
8. 带息负债比率	(短期借款＋一年内到期的长期负债＋长期借款＋应付债券＋应付利息)÷负债总额	22.17%	25.36%
二、营运能力比率			
1. 劳动效率	营业收入或净产值÷平均职工人数		
2. 应收账款周转率	营业收入÷平均应收账款余额		33.97
3. 存货周转率	营业成本÷平均存货余额		1.86
4. 流动资产周转率	营业收入÷平均流动资产总额		1.12
5. 固定资产周转率	营业收入÷平均固定资产净值		0.97
6. 总资产周转率	主营业务收入÷平均资产总额		0.38
三、获利能力指标			
1. 营业利润率	营业利润÷营业收入		41.51%
2. 成本费用利润率	利润总额÷成本费用(营业成本＋营业税金及附加＋销售费用＋管理费用＋财务费用)		68.53%
3. 盈余现金保障倍数	经营现金净流量÷净利润		2.59
4. 总资产报酬率	息税前利润总额÷平均资产总额		12.56%

续表

项 目	计 算 公 式	上年数	本年数
5. 净资产收益率	净利润÷平均净资产		18.86%
6. 资本收益率	净利润÷平均资本（即实收资本及其资本溢价）		30.23%
7. 每股收益	净利润÷普通股平均股数		0.44
8. 每股股利	普通股现金股利总额÷年末普通股总数		0.26
9. 市盈率	普通股每股市价÷普通股每股收益		34.09
10. 每股净资产	年末净资产（即股东权益）÷年末普通股总数		2.36
四、发展能力指标			
1. 营业收入增长率	本年营业收入增长额÷上年营业收入总额		
2. 资本保值增值率	本年末所有者权益总额÷年初所有者权益总额		137.79%
3. 资本积累率	本年所有者权益增长额÷年初所有者权益		37.79%
4. 总资产增长率	本年总资产增长额÷年初资产总额		97.88%
5. 营业利润增长率	本年营业利润增长额÷上年营业利润总额		
6. 技术投入比率	本年科技支出（包括用于研究开发、技术改造、科技创新等方面的支出）÷本年营业收入		
五、综合指标分析			
1. 杜邦财务分析体系			
2. 沃尔比重评分法			

财务比率的计算。以流动比率为例,具体计算时,在 C5 中输入"＝资产负债表! C16/资产负债表! F17",回车,C5 显示 2.42,即期初流动比率为 2.42;在 D5 中输入"＝资产负债表! B16/资产负债表! E17",D5 显示 1.99,即年末流动比率为 1.99。各个指标的计算按照表中的公式,结合资产负债表、利润表和现金流量表的数据进行。

(7) 将 sheet9 重命名为"杜邦分析",并在 A1: N47 中建立杜邦分析表格,见附表。

表格数据从下逐级向上计算。最下层的收入、成本数据来源于利润表,最下层的流动资产和非流动资产、流动负债与非流动负债数据来源于资产负债表。上一层次指标根据下一层次计算。

以"营业净利率"为例,先将利润表中的数据链接到 B18: C25 的表格中,如下表。在 C18: C25 各单元格中粘贴函数。

营业成本	＝利润表! B5
营业税金及附加	＝利润表! B6
销售费用	＝利润表! B7
管理费用	＝利润表! B8
财务费用	＝利润表! B9
营业外支出	＝利润表! B16
所得税费用	＝利润表! B19
资产减值损失	＝利润表! B10

得到:

营业成本	2 440 000.00
营业税金及附加	5 780.00
销售费用	20 000.00
管理费用	332 000.00
财务费用	43 000.00
营业外支出	49 400.00
所得税费用	486 715.00
资产减值损失	17 960.00

计算总成本。对上表数据求和,即在 E16 中输入"=SUM(C18:C25)"得到总成本 3 394 855.00。

计算总收入。在 B16 中输入"=利润表! B4+利润表! B11+利润表! B12+利润表! B15",回车,得到 4 855 000,即总收入为 4 855 000 元。

计算净利润。净利润=总收入-总成本。在 B12 中输入"=B16-E16",回车,得到 1 460 145.00,即为净利润。

计算营业收入。在 E12 中输入"=利润表! B4",回车,得到 4 400 000,即为营业收入。

计算营业利润。营业利润=净利润/营业收入。在 D9 中输入"=B12/E12",回车,得到 33.19%。即营业利润为 33.19%。其他指标计算类似。

净资产收益率	18.86%

总资产净利率	12.56%

×

营业净利率	33.19%

×

总资产周转率	37.85%

净利润	1 460 145.00

÷

营业收入	4 400 000.00

营业收入	4 400 000.00

总收入	4 855 000.00

—

总成本	3 394 855.00

营业成本	2 440 000.00
营业税金及附加	5 780.00
销售费用	20 000.00
管理费用	332 000.00
财务费用	43 000.00
营业外支出	49 400.00
所得税费用	486 715.00
资产减值损失	17 960.00

流动资产	3 942 697.00
其中：期初	2 753 417.00
期末	5 131 977.00

货币资金	1 918 320.00
其中：期初	673 560.00
期末	3 163 080.00
交易性金融资产	389 300.00
其中：期初	36 800.00
期末	741 800.00
应收帐款	129 520.00
其中：期初	181 000.00
期末	78 040.00
存货	1 310 330.00
其中：期初	1 666 830.00
期末	953 830.00
其他流动资产	195 227.00
其中：期初	195 227.00
期末	195 227.00

权益乘数	1.50

资产负债率	33.41%

÷

平均总资产	11 624 446.00
其中：期初	10 284 516.00
期末	12 964 376.00

÷

平均总负债	3 883 937.50
其中：期初	3 774 080.00
期末	3 993 795.00

非流动资产	7 681 749.00
其中：期初	7 531 099.00
期末	7 832 399.00

流动负债	1 855 437.50
其中：期初	1 137 080.00
期末	2 573 795.00

非流动负债	2 028 500.00
其中：期初	2 637 000.00
期末	1 420 000.00

可供出售金融资产	160 000.00
其中：期初	160 000.00
期末	160 000.00
持有至到期投资	110 000.00
其中：期初	80 000.00
期末	140 000.00
长期股权投资	560 000.00
其中：期初	630 000.00
期末	490 000.00
固定资产	4 531 749.00
其中：期初	3 878 099.00
期末	5 185 399.00
在建工程	1 555 000.00
其中：期初	2 100 000.00
期末	1 010 000.00
工程物资	555 000.00
其中：期初	390 000.00
期末	720 000.00
无形资产	110 000.00
其中：期初	173 000.00
期末	47 000.00
其他非流动资产	100 000.00
其中：期初	120 000.00
期末	80 000.00

图书在版编目(CIP)数据

财务管理综合练习与实训/张小红主编. —上海:复旦大学出版社,2014.7(2022.1 重印)
(复旦卓越·育兴系列教材)
ISBN 978-7-309-10691-6

Ⅰ. 财…　Ⅱ. 李…　Ⅲ. 财务管理-高等学校-教学参考资料　Ⅳ. F275

中国版本图书馆 CIP 数据核字(2014)第 103520 号

财务管理综合练习与实训
张小红　主编
责任编辑/鲍雯妍

复旦大学出版社有限公司出版发行
上海市国权路 579 号　邮编:200433
网址:fupnet@fudanpress.com　http://www.fudanpress.com
门市零售:86-21-65102580　团体订购:86-21-65104505
出版部电话:86-21-65642845
上海新艺印刷有限公司

开本 787×1092　1/16　印张 9.5　字数 133 千
2022 年 1 月第 1 版第 4 次印刷

ISBN 978-7-309-10691-6/F·2052
定价:25.00 元